CW00455355

Précis

Les expressions idiomatiques

Isabelle Chollet
Jean-Michel Robert

CLE
INTERNATIONAL

Sommaire

Directrice éditoriale : Michèle Grandmangin-Vainseine
Édition : Virginie Poitrasson
Maquette et mise en pages : Nicole Sicre / Lo Yenne
Correction : Jean Pencreac'h
Couverture : Avis de Passage
Illustrations : Eugène Collilieux

© CLE International, 2008.
ISBN : 978-209-035254-2

Avant-propos

Le **Précis des expressions idiomatiques** est tout particulièrement destiné aux étudiants de français langue étrangère, quel que soit leur niveau.

L'objectif de ce précis consiste à comprendre précisément et à utiliser à bon escient **les expressions idiomatiques** de la langue française, sans faire de contresens gênant. Il s'agit en même temps d'enrichir ses connaissances de la langue, tant linguistiques que culturelles.

Cet ouvrage réunit **plus de 2 000 expressions** idiomatiques les plus fréquemment utilisées par les Français. Souvent composées de mots simples et connus des étudiants étrangers, leur sens n'est pas toujours compris (« *tomber dans les pommes* » pour « s'évanouir » par exemple).

Le précis propose **deux accès** aux expressions, l'un permettant **la production** et l'autre, **la compréhension**.

Dans **la première partie**, les expressions sont classées par **thèmes** (les émotions, la santé, le temps, etc.) pour permettre à l'utilisateur de les produire en fonction de ce qu'il veut exprimer : par exemple, dans le thème « peur », il pourra trouver « *avoir une peur bleue* » (une grande peur). Chaque thème propose plusieurs expressions **classées selon leur degré d'intensité**, un exemple en contexte et, si nécessaire, une **note explicative** apportant précisions et nuances.

Les expressions peuvent être annotées :
– **(familier)** : pour les expressions que l'on peut employer dans la communication courante (orale ou écrite) mais pas dans les relations avec des supérieurs ou des gens que l'on ne connaît pas.
– **(populaire)** : pour les expressions très familières que l'on emploie généralement à l'oral avec ses amis ou sa famille.
– **(vulgaire)** : pour les expressions grossières, choquantes et parfois obscènes qu'il peut être utile de comprendre mais que nous conseillons de ne pas utiliser. Ces expressions ne se trouvent généralement pas à l'écrit.
– **(recherché)** : pour les expressions appartenant à un langage soutenu, comprises et utilisées par les personnes cultivées, à l'écrit comme à l'oral.

La seconde partie répertorie toutes les expressions en **un index** : le classement est effectué par ordre alphabétique des mots les plus importants de chaque expression : par exemple, « *se casser la tête* » se trouvera classée au mot *tête* afin que l'étudiant puisse aisément accéder à l'expression lue ou entendue.

1. Les activités physiques
BOIRE

▸ **Avoir soif**

Boire la mer et ses poissons : avoir extrêmement soif.
*Tu as soif, Christophe ? – Ah oui, je **boirais la mer et ses poissons**.*

▸ **L'action de boire**

Boire un coup : boire un verre.
*Après le travail, Barnabé est parti au café **boire un coup** avec ses copains.*

S'en jeter un (familier) : aller boire un verre.
*Tu as fini ta journée, Robert ? – Oui, on va **s'en jeter un** ?*

S'en jeter un derrière la cravate : boire un verre.
*On fait un tour au bar et on **s'en jette un derrière la cravate** ?*

Se rincer la dalle (familier) : boire.
*Beaucoup sont venus au cocktail juste pour **se rincer la dalle**.*

On peut aussi **rincer la dalle à quelqu'un** : lui payer à boire.

Le coup de l'étrier : le dernier verre avant de partir.
*Il se fait tard, il faut y aller. Mais avant, on va prendre **le coup de l'étrier**.*

L'étrier est l'anneau métallique qui soutient le pied du cavalier.

Se rincer la dalle

▸ **Les façons de boire**

Boire (quelque chose) d'une seule traite : boire d'un seul coup.
*Yves avait tellement soif qu'il **a bu** toute la bouteille **d'une seule traite**.*

Faire cul sec : boire un verre (d'alcool) d'un seul coup.
*Le cognac se déguste lentement, mais avec la vodka il est possible de **faire cul sec**.*

Faire le trou normand : boire un verre de calvados au milieu du repas.
*Au milieu du déjeuner, on **fait le trou normand** pour réveiller l'appétit.*

Faire (prendre) un canard : tremper un morceau de sucre dans une liqueur ou un café.

La petite fille n'a pas le droit de boire du café. Mais elle peut
faire un canard *dans la tasse de sa mère.*

▸ Quoi boire ?

Un demi sans faux-col : un verre de bière sans mousse.
*Les Allemands apprécient un verre de bière avec mousse, mais
les Français préfèrent* **un demi sans faux-col.**

Faire un canard

Sabler le champagne : boire du champagne pour fêter un événement heureux.
Pour son anniversaire, Adrien et ses amis **ont sablé le champagne.**

Un vin de derrière les fagots : un excellent vin qu'on a laissé vieillir à la cave.
C'est **un vin de derrière les fagots** *que je garde pour une grande occasion.*

Du gros (rouge) qui tache : du vin rouge de mauvaise qualité.
Tu as acheté une bouteille de vin à deux euros ? C'est sûrement **du gros qui tache.**

Gros a ici le sens de grossier, peu raffiné.

Du jus de chaussette : du mauvais café, trop léger.
Tout était mauvais dans ce restaurant, même le café, **du jus de chaussette** !

Du pipi de chat (familier) : une boisson (ou plus généralement une chose) de mauvaise qualité.
Ne vas pas dans ce bar, le café est infect, **du pipi de chat** !

Ça réveillerait un mort (C'est à réveiller les morts) : c'est très fort (un alcool très fort).
Goûte un peu cette vieille eau-de-vie. – Oh dis donc,
ça réveillerait un mort !

▸ La fréquence / l'intensité

Être sobre comme un chameau : très sobre.
*Inutile de déboucher une bouteille de vin pour
Martin, il* **est sobre comme un chameau.**

En français familier, un chameau est une
personne méchante et désagréable.

Faire la tournée des grands-ducs : faire le
tour des bars.
Paulo et ses copains **ont fait la tournée des
grands-ducs** *pour fêter leur réussite au bac.*

Faire la tournée des grands-ducs

Lever le coude : boire beaucoup.
*Tu ne crois pas que tu as assez bu ce soir ? Arrête de **lever le coude**.*

Avoir une bonne descente : pouvoir boire beaucoup avec facilité.
*Herbert **a une bonne descente**. Il est capable d'avaler un litre de bière en cinq minutes.*

Avoir la dalle en pente (familier) **:** boire souvent.
*Albert ne peut pas voir un bar sans y entrer. Il **a la dalle en pente**.*

Boire comme une éponge : boire beaucoup.
*Thierry est en cure de désintoxication. Il était temps.
Depuis des années, il **buvait comme une éponge**.*

Boire comme un tonneau : boire vraiment beaucoup.
*Tu as invité Gilles et tu n'as acheté qu'une seule bouteille ? Ça ne sera pas assez, il **boit comme un tonneau**.*

Boire comme un trou : boire énormément.
*Didier ne boit pas d'alcool mais sa femme **boit comme un trou**.*

Boire comme
une éponge

Se piquer le nez (familier) **:** avoir l'habitude de trop boire pour s'enivrer.
*Claude a vraiment une attitude bizarre ces derniers temps, je crois qu'il **se pique le nez**.*

▸ **L'ivresse**

Avoir un verre (un coup) dans le nez (familier) **:** être un peu ivre.
*Xavier t'a insulté parce qu'il **avait un verre dans le nez**, sinon il ne l'aurait jamais fait.*

Avoir un coup dans l'aile : être ivre.
*Tu as vu cet homme qui titube en sortant du café. Il doit **avoir un coup dans l'aile**.*

Avoir le vin gai (triste, mauvais, etc.) : être joyeux (triste, violent, etc.) quand on est ivre.
*Daniel **a le vin mauvais**, il a frappé son ami qui voulait l'aider à rentrer chez lui.*

Noyer son chagrin dans l'alcool : s'enivrer pour oublier ses problèmes.
*Éric ne se remet pas de son divorce, il **noie son chagrin dans l'alcool**.*

Noyer son chagrin
dans l'alcool

Beurré comme un petit-beurre : être complètement ivre.
*À l'anniversaire d'Alice, Gérard a bu trop de punch. À la fin de la soirée, il était **beurré comme un petit-beurre**.*

Variante : **beurré comme un petit Lu** (biscuit de la marque Lu).

Bourré comme un coing (un œuf, une vache, etc.) (familier) : complètement ivre.
*En sortant de la fête, Patrick n'arrivait même plus à marcher droit. Il était **bourré comme un coing**.*

En tenir une bonne (familier) : être complètement ivre.
*Il y a un homme couché sur le trottoir, la bouteille à la main. Il **en tient une bonne**.*

Être soûl (saoul) comme un Polonais : être totalement ivre.
*Les hôtesses ont dû attacher un passager qui **était soûl comme un Polonais**.*

Voir des éléphants roses : être ivre et avoir des troubles de la vision.
*On a déjà bu deux bouteilles. Si on en prend une troisième, on va **voir des éléphants roses**.*

Cuver son vin : dormir après avoir beaucoup bu.
*Le clochard dort toute la journée sur le banc, il **cuve son vin**.*

Avoir la gueule de bois : se sentir malade le lendemain après avoir trop bu.
*Roland a fait la tournée des bars avec ses copains et ce matin, il **a la gueule de bois**.*

Avoir mal aux cheveux (familier) : avoir mal à la tête (après avoir trop bu).
*Hier, c'était l'anniversaire de Thierry. Nous avons tous beaucoup trop bu et ce matin j'**ai mal aux cheveux**.*

DORMIR

Faire (piquer) un somme (un roupillon) (familier) : faire une petite sieste.
*Renaud s'est arrêté sur une aire de repos de l'autoroute pour **piquer un somme**.*

Piquer du nez (familier) : avoir la tête qui tombe en avant quand on s'endort assis.
*Pendant le concert, j'ai vu mon voisin de droite qui **piquait du nez**.*

Se coucher avec (comme) les poules : se coucher très tôt.
*Hector ne veut jamais sortir le soir. Il **se couche comme les poules**.*

Se coucher avec (comme) les poules

Coucher (dormir) à la belle étoile : dormir (la nuit) dehors.
*L'été dernier, Karl a visité la Grèce. Comme il n'avait pas beaucoup d'argent pour aller à l'hôtel, il a **dormi à la belle étoile**.*

Coucher sur (à) la dure : coucher par terre, à même le sol.
*Le camping et les hôtels étaient pleins, nous avons dû **coucher sur la dure** dans un champ.*

Ne pas fermer l'œil : ne pas réussir à dormir.
*Le bébé a tellement pleuré que ses parents **n'ont pas fermé l'œil** de la nuit.*

Une nuit blanche : une nuit où l'on ne dort pas.
*Jean-Jacques et ses amis ont discuté toute la nuit, ils ont passé **une nuit blanche**.*

Faire le tour du cadran : dormir douze heures de suite.
*Hier soir, je me suis couché à dix heures et ce matin, je me suis levé à dix heures. J'**ai fait le tour du cadran**.*

Faire la grasse matinée : dormir tard le matin.
*Le dimanche matin, je **fais la grasse matinée** et je prends un brunch avec mes amis.*

Un réveil en fanfare : réveil brutal et bruyant.
*Les parents ont connu **un réveil en fanfare**. Dès l'aube, les enfants ont commencé à courir et à crier dans leur chambre.*

Être tombé du lit : se lever anormalement tôt.
*Ce matin, je me suis levé à 6 h. – Dis donc, **tu es tombé du lit** !*

Être dans les bras de Morphée (recherché) : dormir.
*Les enfants ont voulu regarder un film hier soir à la télévision. Le film était long et les enfants **étaient** déjà **dans les bras de Morphée** bien avant la fin.*

Morphée est une divinité grecque qui donne le sommeil.

Dormir en chien de fusil : les genoux ramenés vers le corps.
*Le lit était trop petit pour que je puisse étendre mes jambes. J'ai dû **dormir en chien de fusil**.*

Ne dormir que d'un œil : dormir légèrement.
*Comme son bébé est malade, la maman **ne dort que d'un œil**.*

Dormir comme un ange (un bienheureux) : dormir paisiblement.
*Raymond a passé une bonne nuit. Malgré l'orage, il **a dormi comme un bienheureux**.*

Dormir sur ses deux oreilles : dormir tranquillement ou être complètement rassuré.
*Gontran avait peur pour son placement financier mais c'est en réalité une excellente opération et maintenant il peut **dormir sur ses deux oreilles**.*

Avoir (dormir) d'un sommeil de plomb : dormir profondément.
*Le bébé n'a pas pleuré cette nuit, il a **dormi d'un sommeil de plomb**.*

Dormir comme un loir (une marmotte, une souche) : dormir profondément.
*Tu as bien dormi, papa ? – Ah oui, j'ai dormi **comme un loir**.*

Le loir et la marmotte sont de petits animaux qui peuvent hiberner (dormir) plusieurs mois dans l'année.

SE DÉPLACER

▸ Arriver, entrer

Ramener sa fraise (familier) : arriver, venir.
*Allô ! C'est toi, Paul ? On est chez Jacques et on fait la fête. **Ramène ta fraise**, on t'attend.*

Tomber du ciel : arriver inopinément sans qu'on s'y attende.
*Au Monopoly, j'ai tiré la carte Chance et j'ai reçu cent euros parce que j'avais gagné le prix des mots croisés. Voilà de l'argent qui **tombe du ciel**.*

Montrer le bout de son nez (Montrer son nez) : faire une courte apparition quelque part.
*Tu as vu Richard à la fête ? – Oui, il **a montré son nez** et il est reparti aussitôt.*

Arriver comme un chien dans un jeu de quille : arriver mal à propos.
*Il n'est pas question de jouer avec toi. Tu ne vois pas que nous sommes en train de travailler ? Tu **arrives** vraiment **comme un chien dans un jeu de quille**.*

Arriver comme un cheveu sur la soupe : arriver mal à propos, au mauvais moment.
*Claire croyait que la réception était lundi soir. Elle **est arrivée comme un cheveu sur la soupe**, personne ne l'attendait.*

Arriver après la bataille : arriver quand tout est fini.
*Nous avons déjà tout réglé. Tu **arrives après la bataille**.*

Arriver comme un chien dans un jeu de quille

Rentrer (Entrer) quelque part comme dans une écurie : entrer sans saluer, de façon impolie.
*Tu pourrais au moins dire bonjour au lieu d'**entrer chez moi comme dans une écurie**.*

Entrer (quelque part) comme dans un moulin : sans respecter les lieux, comme si on était chez soi.
*Viviane en a assez que tout le monde **entre dans son bureau comme dans un moulin**.*

▶ **Bouger / Rester immobile**

Jouer des coudes : se frayer un passage dans une foule.
*À la réception, il y avait tellement de monde autour du buffet qu'il fallait **jouer des coudes** pour y accéder.*

Cette expression peut aussi signifier « se démener sans scrupules pour réussir ».

Avoir des fourmis dans les jambes : éprouver une sensation de picotement dans les jambes, avoir envie de bouger, de partir.
*Le petit garçon en visite chez sa tante aimerait bien quitter sa chaise et aller jouer dans le jardin. Il **a des fourmis dans les jambes**.*

Tourner le dos à quelque chose : être dans une direction opposée.
*La gare est bien par là ? – Ah non, vous **lui tournez le dos**.*

Avancer (Marcher) comme un escargot (une tortue) : très lentement.
*À cause des bouchons sur l'autoroute, les voitures **avançaient comme des escargots**.*

Avancer comme un escargot

Revenir sur ses pas : revenir en arrière en empruntant le même chemin.
*Steve a perdu sa montre dans la forêt, il doit **revenir sur ses pas** pour essayer de la retrouver.*

Poser ses fesses (familier) : s'asseoir.
*Salut ! Rentre et **pose tes fesses** dans le fauteuil. Tu veux quelque chose à boire ?*

Variante : **poser un (son) cul** (populaire).

Rester scotché quelque part (familier) : ne pas bouger.
*Il fait beau dehors, mais Aurélie **reste scotchée** devant la télé.*

Ne pas remuer (bouger) un (d'un) cil : rester absolument immobile.
*Les touristes essaient de faire réagir les soldats devant Buckingham Palace, mais ceux-ci **ne remuent pas un cil**.*

▸ **Courir**
Prendre ses jambes à son cou : partir en courant.
*Quand j'ai vu qu'il était déjà tard, j'**ai pris mes jambes à mon cou** pour attraper le bus.*

Courir (trotter) comme un lapin : courir vite.
*Ce joueur de football qui est tombé fait semblant d'être blessé, tu vas voir, dans une minute, il va **courir comme un lapin**.*

Courir (filer) comme un zèbre : courir très vite.
*Xavier n'a plus mal à la jambe, il **court comme un zèbre**.*

Courir comme un dératé : courir très vite.
*André a vu de loin le bus qui arrivait. Il **a couru comme un dératé** jusqu'à l'arrêt.*

Courir comme un lapin

Aller (arriver, courir, etc.) ventre à terre : en courant le plus vite possible.
*À l'annonce de la naissance de sa petite-fille, Renée **est arrivée ventre à terre**.*

▸ **Partir, sortir, s'enfuir**
Aller quelque part de ce pas : indique qu'on s'apprête à aller quelque part.
*Tu es allé à la pharmacie, Olivier ? – Pas encore, mais j'**y vais de ce pas**.*

Plier bagage : s'en aller, partir.
*Les vacances sont terminées. Il est temps de **plier bagage**.*

Lever l'ancre : partir, s'éloigner.
*Il est tard et on doit se lever tôt demain, on **va lever l'ancre**.*

Aussi **jeter l'ancre** : arriver, s'installer quelque part.

Se déguiser en courant d'air : partir rapidement sans être vu.
*Je ne l'ai pas vu partir, il a dû **se déguiser en courant d'air**.*

Filer (partir) à l'anglaise : partir sans se faire remarquer.
*Personne ne fait attention à nous, c'est le moment de **filer à l'anglaise**.*

Mettre les voiles (familier) : partir, quitter brusquement un endroit.
*C'est nul cette fête, je **mets les voiles**.*

Tourner les talons : se retourner brusquement et partir.
*Quand Pierre a vu son frère, il **a tourné les talons** et il a disparu.*

Prendre ses cliques et ses claques : s'en aller en emportant tout ce que l'on possède.
*Quand Madeleine est rentrée, toutes les affaires de Jean-Jacques avaient disparu. **Il avait pris ses cliques et ses claques.***

Mettre le nez dehors (souvent à la forme négative) : sortir.
*Il fait si froid qu'on **n'a pas mis le nez dehors** de la journée.*

Faire le mur : sortir en cachette, sans permission.
*Tous les samedis soirs, Astrid **faisait le mur** pour retrouver son copain.*

Prendre la porte : sortir violemment (après une dispute par exemple).
*Comme personne ne voulait l'écouter, la jeune fille **a pris la porte.***

Prendre la tangente (familier) : quitter discrètement un endroit.
*La plupart des étudiants **ont pris la tangente** pendant la pause du cours de chimie.*

Sur ces bonnes paroles... (Sur ce...) : pour mettre fin à une conversation et signaler un départ.
***Sur ces bonnes paroles**, je rentre chez moi.*

Changer de crémerie (familier) : quitter un lieu, un établissement, pour aller ailleurs.
*Ce café ne me plaît pas. J'ai envie de **changer de crèmerie** et d'aller boire un autre verre ailleurs.*

Débarrasser le plancher : quitter un endroit où l'on n'est pas désiré.
*Qu'est-ce que vous faites tous dans mon bureau ? **Débarrassez le plancher** !*

Mettre les bouts (familier) : partir, s'enfuir.
*Cette soirée est complètement nulle. On **met les bouts** ?*

Se faire la malle (familier) : partir, s'enfuir.
*Quand la police est arrivée sur place, tout le monde **s'était fait la malle.***

Une malle est un grand coffre que l'on utilise comme bagage pour voyager.

Prendre la poudre d'escampette : s'enfuir.
*Après la fête, quand il a fallu ranger, tes amis **ont pris la poudre d'escampette.***

Prendre la clé des champs : partir, s'enfuir.
*Les prisonniers ont creusé un tunnel et **ont pris la clé des champs.***

▶ **Suivre**

Ne pas lâcher (quitter) quelqu'un d'une semelle : suivre quelqu'un partout.
*Florian ne connaissait personne à la soirée alors il **n'a pas lâché sa sœur d'une semelle**.*

Être (marcher) sur les talons de quelqu'un : au sens littéral, suivre quelqu'un de très près ; au sens figuré, suivre l'exemple de quelqu'un, ou être proche en âge, etc.
*Sébastien est très doué dans toutes les matières et sa sœur **lui marche sur les talons**.*

Suivre quelqu'un comme son ombre : suivre quelqu'un partout.
*Sa femme est toujours avec lui, elle **le suit comme son ombre**.*

Suivre quelqu'un comme son ombre

Filer le train à quelqu'un (familier) : suivre quelqu'un pour l'espionner.
*Le détective **lui a filé le train** pendant trois jours et l'homme d'affaires n'a rien vu.*

Avoir quelqu'un à ses trousses : être poursuivi par quelqu'un.
*Les bandits **ont la police à leurs trousses**.*

Être (un) pot de colle : suivre toujours quelqu'un sans le laisser seul.
*Maxime pleure parce que son grand frère lui a dit qu'il **était un** vrai **pot de colle**.*

S'accrocher (être pendu) aux basques de quelqu'un : suivre quelqu'un partout.
*Arrête de me suivre. Tu **es toujours pendu à mes basques**.*

Les basques sont les parties inférieures d'une veste (de la taille aux hanches).

▶ **Tomber**

Ramasser (Prendre, Se ramasser, Se prendre) une bûche (un gadin) (familier) : tomber.
*Ce matin, il y avait du verglas. J'ai glissé et je **me suis pris une bûche**.*

S'accrocher aux basques de quelqu'un

Ramasser (Prendre, Se ramasser, Se prendre) une pelle (une gamelle) (familier) : tomber ou subir un échec.
*S'il continue à investir dans des affaires douteuses, il va **se ramasser une gamelle**.*

Tomber les quatre fers en l'air : tomber à la renverse.
*Le petit garçon a glissé de sa chaise et est **tombé les quatre fers en l'air**.*

MANGER

▸ Avoir faim

Avoir un petit creux : avoir un peu faim.
*J'ai des sandwichs dans mon sac. Si tu **as un petit creux**, tu peux en prendre un.*

Variante : **avoir un creux à l'estomac.**

Avoir les crocs (familier) : avoir faim.
*Il est déjà deux heures et je n'ai pas encore déjeuné. J'**ai les crocs**.*

Variante : **avoir la dent.**

Avoir la dalle (familier) : avoir faim.
*Romain n'a pas pris de petit déjeuner. À la fin de la matinée, il **avait la dalle**.*

Avoir une faim de loup : avoir très faim.
*La marche m'a mis en appétit. J'**ai une faim de loup**.*

Avoir l'estomac dans les talons : avoir très faim.
*On va déjeuner ? J'**ai l'estomac dans les talons**.*

Crever la dalle (familier) : mourir de faim.
*Je suis dans ce restaurant depuis une heure et je ne suis toujours pas servi. Je commence à **crever la dalle**.*

Danser devant le buffet : être affamé, n'avoir rien à manger.
*Nous n'avons presque plus d'argent et nous ne sommes que le 20 du mois. Si ça continue, on va devoir **danser devant le buffet**.*

▸ L'appétit

Avoir l'eau à la bouche : être mis en appétit ; désirer, avoir envie de quelque chose.
*Sandra m'a annoncé qu'elle avait fait une tarte aux fraises. J'en **ai l'eau à la bouche**.*

Mettre (Faire venir) l'eau à la bouche : mettre en appétit, donner faim.
*En passant devant le restaurant, les odeurs de grillade m'**ont mis l'eau à la bouche**.*

Croquer (Dévorer, Mordre) à belles dents : de bon appétit.
*Les enfants ont cueilli des pommes et les **ont croquées à belles dents**.*

Cette expression peut s'employer au sens figuré : **croquer, dévorer la vie à belles dents.**

Avoir un bon coup de fourchette : avoir un solide appétit.
*Tu invites Juliette à déjeuner ? Prépare un repas copieux, elle **a un bon coup de fourchette**.*

▸ **L'action de manger**
Casser la croûte (familier) : manger.
*On va à la cantine. C'est l'heure de **casser la croûte**.*

Un **casse-croûte** est un sandwich.

Casser la (une petite) graine (familier) : manger.
*Il est midi, tu viens **casser une petite graine** avec nous, Gérard ?*

Avoir quelque chose à se mettre sous la dent : avoir quelque chose à manger.
*Le frigidaire est vide et je n'ai pas eu le temps de faire les courses. J'ai peur de **ne rien avoir à me mettre sous la dent** à midi.*

Cette expression est souvent employée à la forme négative.

▸ **Les façons de manger**
Manger comme un moineau : manger très peu.
*La petite Marie n'aime rien, elle **mange comme un moineau**.*

Manger sur le pouce : manger peu et rapidement.
*J'ai trop de travail pour aller au restaurant aujourd'hui, je vais **manger sur le pouce**.*

Manger un morceau : manger (parfois rapidement).
*Colette, tu viens **manger un morceau** avec moi au bistrot du coin ?*

Manger comme un moineau

Manger au (avec un) lance-pierre : très rapidement.
*J'ai tellement de travail à faire que je **dois manger au lance-pierre** et revenir vite au bureau.*

Se caler les joues (l'estomac) (familier) : manger beaucoup.
*Le repas était copieux. On **s'est calé les joues**.*

Il vaut mieux l'avoir (chez soi) en photo qu'à table : quelqu'un qui mange beaucoup.

*Je croyais que le repas serait trop copieux, mais mon invité n'a rien laissé. Celui-là, **il vaut mieux l'avoir** chez soi **en photo qu'à table.***

Manger comme un ogre : manger en grande quantité.
*Mon fils joue au rugby et après un match, il **mange comme un ogre.***

S'en fourrer (S'en mettre) jusque-là (familier) : manger beaucoup, se goinfrer.
*Les invités n'ont rien laissé du buffet pourtant copieux. Ils **s'en sont mis** jusque-là.*

Avoir les yeux plus grands que le ventre : ne pas réussir à manger tout ce qu'on s'est servi.
*Je n'arrive pas à finir cette pizza, j'**ai eu les yeux plus grands que le ventre.***

Manger comme un cochon : très salement.
*Ne fais pas tant de bruit en mangeant, tu **manges comme un cochon** !*

Avoir un estomac d'autruche : pouvoir digérer n'importe quoi.
*André **a un estomac d'autruche**. Il a mangé les sandwichs rancis dont nous ne voulions plus.*

Manger comme un cochon

▸ Bien manger

Se lécher les babines : exprimer sa satisfaction avant ou après un bon repas.
*Ce plat à l'air délicieux. **Je me lèche les babines.***

Les babines sont les lèvres pendantes de certains animaux comme les chiens.

À se (À s'en) lécher les doigts : savoureux (en parlant d'un plat).
*Dimanche dernier, ma mère nous a préparé un canard à l'orange. C'était **à se lécher les doigts**.*

Se taper la cloche (familier) : bien manger.
*Ce restaurant est excellent. Allons-y, on va **se taper la cloche**.*

SE LAVER

Une toilette de chat : une toilette rapide et sommaire.
*Le petit garçon s'est lavé les mains et s'est passé un peu d'eau sur le visage. Il a fait **une toilette de chat**.*

Être propre comme un sou neuf : être très propre après avoir été nettoyé.
*Françoise a nettoyé sa fille. Maintenant, elle est **propre comme un sou neuf**.*

AUTRES

Aller au petit coin : aller aux toilettes.
*Qu'est-ce qui se passe, mon enfant ? Tu as envie de faire pipi ? Tu veux **aller au petit coin** ?*

Couler (Mouler) un bronze (populaire) : déféquer, faire caca.
*Kevin passe son temps à provoquer le professeur. Hier, il lui a dit qu'il devait aller aux toilettes pour **couler un bronze**.*

Lâcher une perle (populaire) : péter.
*Quelle odeur horrible ! – C'est le chien de Linda qui a encore **lâché une perle**.*

2. Les activités sociales

LA VIE

▸ Les façons de vivre

Être (Rester) dans le droit chemin : adopter une conduite conforme à la morale.
*À sa sortie de prison, il a essayé d'être honnête. Mais cela n'a pas duré, il **n'est pas resté** longtemps **dans le droit chemin**.*

Se la couler douce (familier) : mener une vie heureuse, sans complication.
*Depuis que Béatrice a gagné au loto, elle **se la coule douce**.*

Faire son chemin : avoir du succès dans sa vie professionnelle, progresser.
*Agnès a commencé comme assistante, elle est maintenant directrice d'agence. Elle **a fait son chemin**.*

Aller son petit bonhomme de chemin : avancer tranquillement, régulièrement dans la vie.
*Mon fils n'est pas un élève très brillant, mais chaque année il passe dans la classe supérieure. Il **va son petit bonhomme de chemin**.*

Vivre d'amour et d'eau fraîche : ne pas se préoccuper des questions matérielles (argent, travail, etc.).
*Ils ont passé l'été sur une île grecque à **vivre d'amour et d'eau fraîche**.*

Être (Vivre) comme l'oiseau sur la branche : sans se préoccuper du lendemain.
*Elle a perdu son travail et n'en cherche pas un autre, pour l'instant **elle vit comme l'oiseau sur la branche**.*

S'acheter une conduite : s'amender, devenir sérieux.
*Depuis que Pascal est marié, il **s'est acheté une conduite** : il ne sort plus avec ses copains et il ne boit plus.*

Vivre en ermite : vivre seul, dans l'isolement volontaire.
*Adrien a besoin d'être seul pour écrire son roman. Il est parti **vivre en ermite** à la campagne pour quelques mois.*

Métro, boulot, dodo : illustre une vie répétitive et ennuyeuse à la ville : prendre le métro, travailler et dormir.
*Olivia va quitter Paris car, pour elle, **métro, boulot, dodo,** ça suffit.*

Rouler sa bosse : mener une existence aventureuse, vagabonde.
*David connaît beaucoup de pays. Dans sa jeunesse, il **a** beaucoup **roulé sa bosse**.*

Manger de la vache enragée : connaître une vie pénible.
*Pendant un an, Yann a travaillé comme ouvrier sur une plateforme pétrolière. **Il a mangé de la vache enragée.***

Mener une vie de bâton de chaise : mener une vie désordonnée.
*Maintenant, il est sérieux. Mais dans sa jeunesse, il **a mené une vie de bâton de chaise**.*

Vivre aux crochets de quelqu'un : vivre aux frais de quelqu'un, être parasite.
*Damien vit encore chez ses parents à trente ans. Il ne travaille pas et **vit à leurs crochets**.*

Mener une vie de bâton de chaise

Si les petits cochons ne le mangent pas : s'il ne lui arrive rien de fâcheux dans la vie.
*Georges est très apprécié de ses supérieurs et a de l'avancement régulièrement. Il deviendra quelqu'un **si les petits cochons ne le mangent pas**.*

▸ La vie malheureuse

Être né sous une bonne (une mauvaise) étoile : avoir un destin heureux (malheureux).
*Mathieu est intelligent et courageux mais il n'a jamais réussi dans la vie. Il a dû **naître sous une mauvaise étoile**.*

Une vie de galérien : une vie très dure.
*Pendant la journée il étudiait, le soir il était veilleur de nuit pour payer ses études. Il a mené cette **vie de galérien** pendant trois ans.*

Une vie de chien : une existence très difficile.
*Denis est malade, divorcé et au chômage. Il mène actuellement **une vie de chien**.*

HABITER

Pendre la crémaillère : fêter son installation dans un nouveau logement.
*Les nouveaux voisins viennent d'emménager. Ils vont **pendre la crémaillère** demain et ils nous invitent.*

La crémaillère est une tige munie de crans pour suspendre la marmite dans la cheminée.

C'est une vraie écurie : c'est une salle, un local très sale.
*Le proviseur a mis une salle à la disposition des lycéens pour leurs réunions. Au bout d'un mois, **c'était une vraie écurie.***

Variante : **une vraie porcherie.**

Déménager à la cloche de bois : déménager en secret pour ne pas payer le loyer.
*Le propriétaire est furieux. Quand il est venu se faire payer le loyer, l'appartement de son locataire était vide. Il **avait déménagé à la cloche de bois.***

Sans feu ni lieu (N'avoir ni feu ni lieu) (recherché) : sans domicile.
*Les guerres civiles ont jeté sur les routes des milliers de gens **sans feu ni lieu.***

Être (se retrouver) à la rue : ne plus avoir de domicile, vivre dehors.
*Sarah doit se dépêcher de trouver du travail sinon elle va bientôt **être à la rue.***

LE TRAVAIL ET L'EMPLOI

▶ **Le travail quotidien**

Gagner sa croûte (son bifteck, son pain) (familier) : gagner sa vie.
*Qu'est-ce que tu fais pour **gagner ta croûte** ? – Je travaille dans un fast-food.*

Gagner son pain à la sueur de son front : gagner sa vie en travaillant durement.
*Marc a hérité et ne travaille plus ; moi je dois gagner mon pain à **la sueur de mon front.***

Faire bouillir la marmite : un travail qui permet de vivre.
*Ce travail n'est pas intéressant, mais ça **fait bouillir la marmite.***

Aller au charbon : aller travailler.
*Eugène travaille en usine. Il sort de chez lui tous les matins à sept heures pour **aller au charbon.***

Reprendre le collier : se remettre au travail.
*C'est déjà la fin du week-end. Demain il va falloir **reprendre le collier.***

▶ **Les différents types de travail**

Avoir pignon sur rue : être professionnellement connu et reconnu.
*Pour se défendre, Cathy a engagé un avocat qui **a pignon sur rue.***

Un travail de bénédictin : travail intellectuel de longue patience.
*La rédaction de sa thèse de doctorat a duré très longtemps. Il a fait **un** vrai **travail de bénédictin**.*

Avoir plusieurs cordes à son arc : avoir plusieurs compétences.
*Aurélia est chanteuse. Mais elle tourne aussi dans des films et l'année dernière, elle a écrit un roman. Elle **a plusieurs cordes à son arc**.*

Avoir plusieurs casquettes : avoir plusieurs fonctions.
*Le directeur de collection de la maison d'édition est aussi professeur à l'université. Il **a plusieurs casquettes**.*

▸ **La retraite**

Aller (Partir) planter ses choux : partir vivre à la campagne (en général au moment de la retraite).
*Après quarante ans dans l'administration, mon voisin ne supportait plus Paris. Il **est parti planter ses choux** dans sa province natale.*

RIRE ET S'AMUSER

Rire dans sa barbe : ne pas exprimer ouvertement sa gaieté, rire discrètement.
*Pendant sa démonstration, le mathématicien a fait une énorme erreur. Ses collègues s'en sont aperçus et **ont ri dans leur barbe**.*

Variante : **rire sous cape.**

Se fendre la pipe, la pêche (familier) : rire.
*La soirée était réussie, Louis a raconté des blagues et tout le monde **s'est fendu la pipe**.*

Se fendre la gueule (populaire) : rire et bien s'amuser.
*Le film était super rigolo, on s'**est** bien **fendu la gueule**.*

Se tenir les côtes : rire très fort.
*Le film était si drôle que les spectateurs **se tenaient les côtes**.*

Se tordre de rire : rire très fort.
*Nous avons vu le film « Bienvenue chez les ch'tis » dans l'avion. Tous les passagers **se tordaient de rire**.*

Être mort (Mourir) de rire : rire intensément.
*Le candidat chantait si faux que le public **était mort de rire**.*

Se tenir les côtes

Rire (Rigoler) comme un bossu : beaucoup rire, sans s'arrêter.
*Au lieu de **rigoler comme un bossu**, tu ferais mieux de m'aider à me relever.*

Avoir un (le) fou rire : avoir un rire qu'on ne peut pas maîtriser.
*Le professeur a fait sortir deux étudiants qui **avaient le fou rire** et dérangeaient la classe.*

Se taper sur les cuisses : rire, s'amuser bruyamment.
*À la fin du repas de famille, on a commencé à raconter des blagues. Bientôt tout le monde **se tapait sur les cuisses**.*

Se taper le cul par terre (populaire) : rire bruyamment.
*Olivier a fait une imitation si drôle du prof de maths que les autres élèves **se sont tapé le cul par terre**.*

Rire comme une baleine : rire sans retenue.
*Arrête de **rire comme une baleine**. Tout le monde te regarde.*

Les doigts de pied en éventail (familier) : se prélasser, se détendre.
*Le week-end prochain, je pars au bord de la mer. Je vais passer deux jours sur la plage, **les doigts de pied en éventail**.*

Faire la foire : faire la fête.
*Comment veux-tu qu'il réussisse ses études ? Il **fait la foire** tous les soirs.*

S'en payer une tranche (familier) : beaucoup s'amuser.
*C'était super le week-end à la mer, on **s'en est payé une tranche** !*

1. La description physique

L'APPARENCE GÉNÉRALE

Être tiré à quatre épingles : être habillé avec soin, être élégant.
*Alain est très coquet, il est souvent **tiré à quatre épingles.***

Être habillé (fagoté) (familier) comme un sac : être habillé sans goût.
*Tout le monde était très chic au mariage, sauf Aline qui **était habillée comme un sac.***

Être habillé (vêtu) comme l'as de pique : être mal habillé.
*Apprends à être un peu élégant. Tu es toujours **habillé comme l'as de pique.***

Être mal ficelé (familier) : être mal habillé (personnes) ou être mal conçu (choses).
*Barbara a honte quand Karl l'accompagne dans des soirées, il est toujours **mal ficelé.***

Aller à quelqu'un comme un tablier à une vache (familier) : se dit par exemple d'un vêtement qui ne va pas du tout à quelqu'un.
*Alicia s'est acheté une robe très chère mais ça **lui va comme un tablier à une vache.***

Être un pot de peinture : être trop maquillé(e).
*La prof d'anglais est sympa mais c'**est un pot de peinture.***

LA BEAUTÉ / LA LAIDEUR

Un beau brin de fille : une belle fille.
*Tu connais Carole ? Elle est superbe, c'est **un beau brin de fille.***

Être joli(e) comme un cœur : très joli(e).
*En quelques années, la petite fille ronde est devenue une gracieuse adolescente. Elle est **jolie comme un cœur.***

Mignon à croquer : très joli, très mignon.
*Les filles de la classe sont complètement folles de leur nouveau professeur de musique. Elles le trouvent **mignon à croquer.***

Un beau châssis (familier) : une femme bien faite, agréable à regarder (d'un point de vue masculin).
*Sur cette plage, il y a des filles superbes. Il y a vraiment **des beaux châssis.***

Beau comme un astre (un ange, un dieu, un cœur, un camion) : très beau, superbe.
*Catherine est en admiration devant Gilles. Elle le trouve **beau comme un dieu.***

Un beau ténébreux : un homme d'une beauté romantique, sombre et fatale.
*Humphrey Bogart était le type du **beau ténébreux.***

Avoir du chien : pour une femme, avoir du charme.
*Rachel **a du chien**, elle attire tous ses collègues masculins.*

Être laid (moche) comme un pou : être très laid.
*Nicole sort avec un homme très riche mais **laid comme un pou**.*

LES CHEVEUX, LA COIFFURE

Blond comme les blés : très blond, d'un blond clair.
*Philippe est maintenant châtain, mais quand il était enfant, il était **blond comme les blés**.*

Noir comme l'ébène : d'un noir intense et brillant.
*Elle s'est fait teindre les cheveux, elle les a maintenant **noirs comme l'ébène**.*

Être (Avoir les cheveux) poivre et sel : avoir des cheveux noirs et des cheveux blancs.
*Tu vois cet homme qui **a les cheveux poivre et sel**, je trouve qu'il a beaucoup de classe.*

(S')Être coiffé avec un pétard (familier) : être ébouriffé, mal coiffé.
*Dis donc Joël, tu **t'es coiffé avec un pétard** ce matin ?*

Avoir les cheveux en bataille (en pétard) : avoir les cheveux emmêlés, hérissés.
*Elle aurait pu se coiffer avant de venir. Elle **a les cheveux en bataille**.*

Avoir les sourcils en bataille : avoir les sourcils broussailleux.
*Mon grand-père a des sourcils très fournis, il **a les sourcils en bataille**.*

Ne plus avoir un poil sur le caillou (familier) : ne plus avoir de cheveux.
*Il y a vingt ans que je n'avais pas vu Jean-Paul, il **n'a plus un poil sur le caillou**.*

Avoir la boule à zéro (familier) : ne plus avoir de cheveux, être totalement chauve.
*Hugo s'est rasé le crâne et maintenant il **a la boule à zéro**.*

Chauve comme une bille (une boule de billard, un œuf, un genou) (familier) : complètement chauve.
*L'acteur Yul Brunner était chauve **comme un œuf**.*

Variante : **un crâne d'œuf**.

L'ÉLOCUTION

Avoir un cheveu sur la langue : zozoter, prononcer « j » comme « z ».
*La présentatrice **a un** léger **cheveu sur la langue**, elle dit : « Ze » vais vous présenter un nouveau « zeu ».*

Avoir un chat dans la gorge : être enroué.
Ne comptez pas sur moi ce soir à la chorale. J'ai un chat dans la gorge.

Parler du nez : avoir une voix nasale.
Excusez-moi si je parle du nez mais je suis très enrhumé.

Avoir un chat dans la gorge

LA FORCE / LA FAIBLESSE

Être fort comme un Turc : être très fort.
On va demander à Maurice de déplacer l'armoire, il est fort comme un Turc.

Être fort comme un bœuf : très fort.
Bruno pourra t'aider à déplacer le piano. Il est fort comme un bœuf.

On peut aussi **saigner comme un bœuf, souffler comme un bœuf** (saigner, souffler fortement).

Fort (Robuste) comme un chêne : très robuste (se dit particulièrement des personnes âgées).
Mon grand-père marche encore douze kilomètres par jour. Il est robuste comme un chêne.

Avoir la peau dure : être très résistant au mal.
Tu t'es fait mal avec ce couteau ? – Ne t'inquiète pas, j'ai la peau dure.

Un colosse aux pieds d'argile : personne ou chose à l'apparence très forte, mais cependant très vulnérable.
On croyait cette firme extrêmement puissante, mais en l'espace d'un mois, ses actions se sont effondrées. Ce n'était qu'un colosse aux pieds d'argile.

Être en sucre : être très fragile.
Armelle a toujours peur qu'on touche à son bébé, comme s'il était en sucre.

L'expression s'utilise souvent ironiquement à la négative : **Tu n'es pas en sucre !**

LA DÉMARCHE

Marcher en canard : marcher les pointes des pieds vers l'extérieur.
À la fin de la journée, le serveur de la brasserie marchait en canard.

Marcher en crabe : marcher de travers.
Jérôme et Annie ont quitté la fête en état d'ivresse avancée. L'un titubait et l'autre marchait en crabe.

On peut aussi **marcher, aller comme une écrevisse** : à reculons.

Un port de déesse : allure majestueuse et gracieuse (pour une femme).
*Hillary est un mannequin célèbre grâce à **son port de déesse**.*

LA MINCEUR, LA MAIGREUR

Être maigre comme un clou (un coucou) : être très maigre.
*Quand j'étais enfant, je mangeais beaucoup mais j'étais toujours grande et **maigre comme un clou**.*

N'avoir que la peau et les os (Être un sac d'os) : être d'une maigreur extrême.
*Certains mannequins de mode **n'ont que la peau et les os**.*

Être (Devenir, etc.) un squelette ambulant : une personne très maigre.
*De jeunes mannequins se privent de manger et deviennent de vrais **squelettes ambulants**.*

Être sec comme un coup de trique (familier) : être très maigre.
*Le vieillard n'a plus d'appétit et il **est sec comme un coup de trique**.*

Maigre comme un manche à balai : très maigre.
*Il a été très malade et a beaucoup maigri. Il est **maigre comme un manche à balai**.*

Être plat comme une galette (une limande) : être très maigre (pour une femme, ne pas avoir de poitrine ou en avoir peu).
*Fanny est complexée car sa copine lui a dit qu'elle était **plate comme une limande**.*

Une limande est un type de poisson plat.

Avoir de la brioche

Un grand échalas : une personne grande et maigre.
*À treize ans, Hector a grandi de vingt centimètres mais il n'a pas grossi. Il est devenu un **grand échalas**.*

Un échalas est un pieu qui sert à soutenir un arbuste.

Bien en chair : une personne qui n'est pas maigre, avec des rondeurs agréables.
*Roselyne est loin d'être maigre mais elle n'est pas grosse. Elle est **bien en chair**.*

Avoir de la brioche : avoir un gros ventre (pour un homme).
*Il faudrait que Luc fasse un régime, il commence à **avoir de la brioche**.*

LA NUDITÉ

À poil (familier) : nu.
*J'ai encore vu mon voisin d'en face qui se promenait **à poil** devant sa fenêtre.*

En costume d'Adam : nu.
*Sur cette plage familiale, il n'est pas question de se mettre **en costume d'Adam**.*

Éventuellement pour une femme : en costume d'Ève.

Être nu comme un ver : totalement nu.
*Paul est sorti de la salle de bain pour répondre au téléphone, il était **nu comme un ver**.*

LA PÂLEUR, LE TEINT

Être blanc (pâle) comme un linge (un mort, un drap, un cadavre) : être très pâle (maladie ou émotion).
*Charles, tu es **blanc comme un linge**. Tu es malade ?*

Blanc comme un cachet d'aspirine : d'un blanc très pâle.
*Sven vient d'arriver sur la côte d'Azur. Sur la plage, il est **blanc comme un cachet d'aspirine**.*

Ironique : bronzé comme un cachet d'aspirine.

Une face de carême : un visage triste et pâle.
*Vous ne devez pas vous amuser tous les jours avec ce professeur, il a **une face de carême**.*

Une mine (Un air) de déterré : un aspect maladif ou un aspect triste, catastrophé.
*Ne prends pas cette **mine de déterré**. Tu as raté l'écrit mais tu peux te rattraper à l'oral.*

Jaune comme un citron (un coing) : qui a le teint très jaune.
*Il est revenu d'Amérique centrale avec une drôle de maladie. Il est **jaune comme un citron**.*

Être rouge (Rougir) comme une tomate : avoir le visage rouge (à cause d'une réaction cutanée, du soleil ou de confusion, de honte ou de pudeur).
*Laura a essayé une nouvelle crème de soin et elle **est rouge comme une tomate**.*

Variante : rouge comme un homard, une écrevisse, un coquelicot.

LES PARTICULARITÉS PHYSIQUES

Avoir une coquetterie dans l'œil : loucher légèrement.
*Cette actrice **a une coquetterie dans l'œil**, ce qui ajoute à son charme.*

Avoir un nez en trompette : un nez retroussé (dont le bout remonte vers le haut)
*Comment s'appelle ce personnage de bande dessinée qui a **un nez en trompette** ?*

Avoir le menton en galoche : menton long et relevé vers l'avant.
*Nez trop long, **menton en galoche**, oreilles décollées ? Nous traitons tous ces problèmes par la chirurgie esthétique. N'hésitez pas à nous contacter.*

Une galoche est une sorte de sabot.

Avoir un cou de girafe : avoir un cou très long.
*Alice porte toujours des foulards car elle trouve qu'elle **a un cou de girafe**.*

Avoir les dents du bonheur : avoir les dents (incisives supérieures centrales) un peu écartées.
*Sophie a **les dents du bonheur**. Ses parents voudraient qu'elle porte un appareil dentaire.*

Avoir des oreilles en chou-fleur : des oreilles déformées (souvent celles des boxeurs, abîmées par les coups).
*Le boxeur a reçu tellement de coups sur la tête qu'il a fini par avoir le nez aplati et les **oreilles en chou-fleur**.*

Être monté sur des échasses : avoir de longues jambes.
*Avec ses jambes démesurées, on dirait que Jean **est monté sur des échasses**.*

Avoir une patte folle (familier) : boiter.
*Marchons plus lentement. Avec **sa patte folle**, Jean-Pierre a du mal à nous suivre.*

LES PARTIES DU CORPS

Une bille de clown : visage comique, ridicule.
*Avec sa **bille de clown**, cet acteur est parfait dans les rôles comiques.*

Un visage en lame de couteau : un visage très émacié.
*L'acteur français Louis Jouvet avait **le visage en lame de couteau**.*

Avoir la tête (la gueule) de l'emploi (familier) : pour les comédiens, avoir un physique correspondant au rôle à interpréter, mais aussi ressembler à ce qu'on est.
L'acteur Bourvil jouait souvent des rôles de naïf.
*Il faut dire qu'il **avait la gueule de l'emploi**.*

La matière grise : le cerveau.
*Arnaud, tu ne comprends pas l'exercice ? Fais travailler **ta matière grise** et tu vas trouver.*

Les bijoux de famille (familier) : les testicules.
*En jouant au rugby, il s'est pris un coup dans **les bijoux de famille**.*

Les bijoux de famille

LA POSTURE

Droit comme un i : très droit.
*En attendant que le général les passe en revue, les soldats formaient un alignement impeccable. Ils étaient tous **droits comme des i**.*

Variante : **droit comme un cierge.**

Raide comme la justice : très droit, raide, rigide.
*Le directeur est entré dans la classe, **raide comme la justice.***

L'expression peut également signifier une raideur psychologique, une inflexibilité.

Avoir avalé sa canne (son parapluie) : être très raide, affecté, guindé.
*Le professeur de mathématiques n'a pas l'air drôle. On dirait qu'il **a avalé son parapluie.***

Être (Se mettre, Marcher) à quatre pattes : pour une personne, se tenir sur les pieds et les mains comme un animal.
*Les bébés commencent à **marcher à quatre pattes** avant de se tenir debout.*

Être (Dormir, Rester, etc.) à plat ventre : être étendu sur le ventre.
*Certains dorment sur le dos ou sur le côté, d'autres **dorment à plat ventre.***

En rang d'oignons (familier) : être (bêtement) les uns derrière les autres.
*Le jour des soldes, des centaines de clientes attendent **en rang d'oignons** devant le magasin.*

Être à la queue leu leu (en file indienne) : tous les uns derrière les autres.
*Tout le monde attendait patiemment, **à la queue leu leu**, devant le guichet de la gare.*

LA SALETÉ

Être sale comme un pou (un peigne) : être très sale.
*Un homme vit depuis des années dans cette cabane. Il **est sale comme un pou.***

Avoir les ongles en deuil (familier) : avoir des ongles noirs, sales.
*Étienne ne prend aucun soin de son aspect physique. Il a souvent une barbe de deux jours, les cheveux mal peignés et **les ongles en deuil.***

LA TAILLE, LA CARRURE

Il y a du monde au balcon (familier) : se dit d'une femme qui a une grosse poitrine.
*Pas mal la fille là-bas. – Oui, **il y a du monde au balcon.***

Avoir des poignées d'amour : avoir des bourrelets de graisse autour de la taille.
*Olivier s'est mis au sport parce qu'il **a des poignées d'amour** qu'il voudrait perdre.*

Être haut comme trois pommes : être très petit (pour un enfant).
*Cet enfant est **haut comme trois pommes** mais il parle comme un adulte.*

Manger la soupe sur la tête de quelqu'un (familier) : être plus grand que quelqu'un.
*Luc a tant grandi que maintenant il peut **manger la soupe sur la tête de son père**.*

Avoir du coffre : avoir une solide carrure, avoir du souffle.
*La cantatrice tient la note très longtemps. Elle **a du coffre**.*

Une armoire à glace : un individu de forte carrure.
*Je ne voudrais pas me battre avec lui, c'est une véritable **armoire à glace**.*

2. La description psychique

ADROIT / MALADROIT

Avoir la main : être adroit, habile.
*Robert a repeint tout mon salon, c'est magnifique ! Il **a** vraiment **la main**.*

Se débrouiller (S'y prendre) comme un manche (familier) : mal se débrouiller ; être maladroit pour faire quelque chose.
*Benoît n'arrivera jamais à réparer son vélo, il **s'y prend comme un manche**.*

Avoir deux mains gauches : être très maladroit (manuellement).
Ne demande pas à Juliette de t'aider à bricoler, elle a deux mains gauches.

AMBITIEUX

Un jeune loup : un jeune homme ambitieux (se dit surtout dans le monde du travail ou politique)
*Le nouveau secrétaire du parti socialiste est **un jeune loup** qui plaît beaucoup au public.*

Avoir les dents longues : être très ambitieux.
*À peine nommé professeur à l'université, il s'est présenté pour le poste de doyen. Il **a les dents longues**.*

Variante : **avoir les dents qui rayent le parquet.**

ANTIPATHIQUE, DÉSAGRÉABLE

Ce n'est pas un cadeau : c'est quelqu'un ou quelque chose difficile à supporter.
*On m'a donné comme partenaire un individu très antipathique. **Ce n'est pas un cadeau**.*

Avoir mauvais esprit : avoir une attitude systématiquement négative.
*Max s'oppose systématiquement à son professeur. Au conseil de classe, le professeur a déclaré que Max **avait mauvais esprit**.*

Un ours mal léché : Un homme pas aimable, toujours de mauvaise humeur.
*Le locataire du sixième étage ne dit jamais bonjour, c'est **un ours mal léché**.*

Être aimable comme une porte de prison : ne pas être aimable du tout.
*Tous ses amis ont peur de la mère de Chloé. Il faut dire qu'elle **est aimable comme une porte de prison** !*

Une humeur de chien : une humeur désagréable.
*Je ne sais pas ce qu'il a aujourd'hui, il n'arrête pas de râler, il est d'une **humeur de chien**.*

Variante : **être d'une humeur de dogue** (une race de chien).

Un empêcheur de tourner en rond : une personne qui empêche les autres de s'amuser, de faire ce qu'ils aiment.
*N'invite pas Thomas à la fête. Avec lui, on ne va pas s'amuser, c'est **un empêcheur de tourner en rond**.*

Un mauvais coucheur : une personne de caractère difficile.
*Le gardien de l'immeuble n'est pas très apprécié. Il se plaint toujours de tout et n'est jamais content. C'est **un mauvais coucheur**.*

Un caractère de cochon (de chien) : un très mauvais caractère.
*Elle est toujours hargneuse, jamais contente. Elle a un **caractère de cochon**.*

Une tête de cochon : une personne qui a mauvais caractère ou très entêtée.
*Le petit Nicolas refuse de manger sa soupe. Ses parents insistent et menacent mais il ne cède pas. C'est une **tête de cochon**.*

Une tête à claques (familier) : une personne déplaisante et agaçante.
*J'ai du mal à supporter le copain de ma sœur plus de cinq minutes. C'est une **vraie tête à claques**.*

La brebis galeuse : une personne indésirable dans un groupe.
*Rémi n'a aucun copain à l'école. C'est **la brebis galeuse**.*

Il ne vaut pas la corde pour le pendre : il ne vaut rien, c'est inutile de perdre son temps avec lui.
*Ne perds pas ton temps avec lui, il ne fera jamais rien de bon. C'est un délinquant qui n'a aucune envie de changer. **Il ne vaut pas la corde pour le pendre**.*

AVARE / GÉNÉREUX
▸ Avare
Les lâcher avec un élastique (familier) : donner de l'argent avec réticence, être très économe.

*Alex est très économe, il **les lâche avec un élastique**.*

Ne pas attacher son (ses) chien(s) avec des saucisses : regarder à la dépense.
*Élisabeth est très économe. Elle **n'attache pas son chien avec des saucisses**.*

Être près de ses sous : être avare.
*Robin ne paye jamais un verre à personne, il **est près de ses sous**.*

Être chien : être très avare.
*Jean-Charles devient malade s'il doit dépenser son argent. Je n'ai jamais vu quelqu'un aussi **chien** que lui.*

Variante : **être rat.**

▸ Généreux, bon
Avoir bon cœur : bon et généreux.
*Anne partage ses jouets avec sa cousine, elle **a bon cœur**.*

Avoir du cœur : être généreux.
*Roland **a du cœur**. Il n'accepte pas les injustices et défend toujours ses camarades.*

À l'inverse : **ne pas avoir de cœur** ou **être sans cœur** (ne pas être généreux, être insensible).

Un homme (Une femme) de cœur : une personne généreuse qui possède une valeur morale.
*L'abbé Pierre a fait beaucoup de bien autour lui, c'était **un homme de cœur**.*

Un papa gâteau : un père très attentionné avec ses enfants, qui fait des cadeaux, etc.
*Avec son fils, Gilbert était sévère mais avec la petite dernière, c'est **un papa gâteau**.*

Être bon comme du bon pain : être généreux, avoir bon cœur.
*Je crois que tu peux lui demander qu'il t'aide, il est **bon comme du bon pain**.*

Avoir le cœur sur la main : être généreux.
*Boris est toujours prêt à prêter de l'argent à ses amis. Il **a le cœur sur la main**.*

Un cœur d'or : une personne généreuse.
*Tout le monde l'adore, il rend service à tout le monde. Il a **un cœur d'or**.*

Donner sa chemise : être très généreux.
*On ne fait jamais appel en vain à sa générosité. Il **donnerait sa chemise**.*

Le verbe est en général au conditionnel.

BAVARD

C'est une vraie concierge : une personne bavarde et indiscrète.
Ne raconte rien à Maria, elle répète tout, c'est une vraie concierge.

Un moulin à paroles : une personne très bavarde.
Impossible d'interrompre Léa, c'est un moulin à paroles.

Être bavard comme une pie : être très bavard.
Fabien ne peut pas s'empêcher de parler, il est bavard comme une pie.

CALME, SAGE

Être sage comme une image : être très calme, tranquille.
Le bébé dans l'avion a été sage comme une image pendant tout le voyage.

Être tranquille comme Baptiste : être très tranquille.
Dans la dispute familiale, mon frère était là, silencieux, tranquille comme Baptiste.

COLÉRIQUE

Avoir les nerfs à fleur de peau : être très susceptible, facilement irritable.
Ne parle pas de tes problèmes à maman, elle a les nerfs à fleur de peau en ce moment.

Être soupe au lait : se mettre facilement en colère.
On ne sait jamais comment parler à Cécilia car elle est très soupe au lait.

Avoir la tête près du bonnet : être colérique, irritable.
Mon grand-père avait la tête près du bonnet et il valait mieux ne pas le contredire.

COURAGEUX

Jouer les gros bras : faire comme si l'on était fort et courageux, comme si on ne reculait devant rien.
Il joue les gros bras, mais en réalité il n'est pas très courageux.

Ne pas avoir froid aux yeux : ne pas avoir peur, être audacieux.
Régis n'a que douze ans et il veut s'initier au saut à l'élastique. Ce garçon n'a pas froid aux yeux.

Avoir quelque chose dans le buffet (familier) : être courageux.
Éric a affronté courageusement cet adversaire plus fort que lui. Il a quelque chose dans le buffet.

Ne rien avoir dans le buffet : être lâche.

Avoir des couilles au cul (vulgaire) : être viril et courageux.

*Harry a affronté seul trois voyous qui agressaient une vieille dame. On peut dire qu'il **a des couilles au cul** !*

II - Les descriptions

Variante : **avoir des couilles en acier.**

Un dur à cuire (familier) : quelqu'un qui ne se laisse ni émouvoir ni commander ou mener.
*Le sergent n'arrive pas à se faire obéir de la nouvelle recrue, un **dur à cuire** qui n'écoute personne.*

CRÉDULE, NAÏF / INCRÉDULE

Une enfant de Marie : une jeune fille chaste et naïve.
*À son âge, elle croit encore que les enfants naissent dans les choux. C'est **une enfant de Marie**.*

Croire au père Noël (familier) : se faire des illusions.
*Denis a joué au loto et il est persuadé qu'il va gagner un million. – Il **croit au père Noël**.*

Prendre des vessies pour des lanternes : se tromper trop facilement, être trop crédule.
*Carlos essaie toujours de me faire **prendre des vessies pour des lanternes**.*

Ce n'est pas un enfant de chœur : ce n'est pas une personne naïve, innocente.
*Tu ne vas pas le tromper avec une ruse aussi grossière. **Ce n'est pas un enfant de chœur**.*

Ne pas être né de la dernière pluie (d'hier) : être incrédule, expérimenté.
*Mon fils m'a dit qu'il allait étudier avec un copain mais je **ne suis pas né de la dernière pluie**, je sais bien qu'il est allé s'amuser.*

Connaître la musique : ne pas être crédule, bien connaître un type de situation.
*Fabien est malade, il faut que tu le remplaces demain. – Oui, bien sûr, je **connais la musique**.*

ÉNERGIQUE, DYNAMIQUE

Avoir la pêche (familier) : se sentir en pleine forme (physique et / ou psychologique).
*Noëlle a bien dormi et ce matin, elle **a** vraiment **la pêche**.*

Plus emphatique : **avoir une pêche d'enfer.** Variante : **avoir la frite, la patate.**

Manger du lion : être soudainement combatif, agressif.
*Allez, tout le monde au travail, on finit le projet dans une heure ! – Dis donc, tu **as mangé du lion** ce matin !*

Avoir mangé du cheval (familier) : faire preuve d'une énergie inhabituelle.

*Tu as fait tous tes devoirs, tu as rangé ta chambre. D'ordinaire, tu es plutôt paresseux. Qu'est-ce qui t'arrive ? Tu **as mangé du cheval** ?*

Avoir le diable au corps : être très agité, insupportable (en parlant des enfants).
*Valérie a du mal à contrôler son fils de cinq ans. Il n'arrête pas de courir et de crier, il n'obéit pas, il **a le diable au corps**.*

Ennuyeux

Ennuyeux comme la pluie : très ennuyeux.
*J'ai failli m'endormir pendant cette conférence **ennuyeuse comme la pluie**.*

Chiant comme la mort (populaire) : extrêmement ennuyeux (choses ou personnes).
*Je suis sorti du cinéma au bout d'un quart d'heure. Le film était **chiant comme la mort**.*

Étourdi

Être dans la lune : ne pas être attentif, ne pas écouter, être étourdi.
*Le petit Félix a de mauvaises notes car il **est** souvent **dans la lune** en classe.*

Ferme, rigide

Droit dans ses bottes : ferme et déterminé.
*Rien ne le fera changer d'avis. Il reste **droit dans ses bottes**.*

Être collet monté : être affecté, rigide, guindé.
*Lorsqu'elle est en visite, Marie-Chantal, qui **est** très **collet monté**, se tient très droite sur sa chaise et lève le petit doigt quand elle tient sa tasse de thé.*

Fou

Avoir un grain : être un peu fou.
*Pourquoi cet homme hurle-t-il dans la rue ? – Je crois qu'**il a un grain**.*

Avoir une case en moins (familier) : être un peu fou.
*Tu ne trouves pas que Francis est bizarre ? J'ai l'impression qu'il **a une case en moins**.*

Avoir un petit vélo dans la tête (familier) : être légèrement fou.
*Tout le monde aime bien Hugo dans le village, il est gentil et serviable mais il **a un petit vélo dans la tête**.*

Travailler du chapeau (familier) : être quelquefois fou.
*Ses paroles sont quelquefois incohérentes. Depuis quelque temps, il **travaille du chapeau**.*

Être tombé sur la tête : être devenu fou, agir stupidement.
*Tu veux te faire faire un lifting à 35 ans ? Mais tu **es tombée sur la tête**, ma pauvre Emma !*

Battre la campagne : déraisonner, divaguer.
*Depuis son accident cérébral, il a l'esprit qui **bat la campagne**.*

Avoir une araignée au plafond : être fou.
*À mon avis, mon voisin n'est pas normal. Il doit **avoir une araignée au plafond**.*

Être à la masse (familier) : être complètement idiot.
*Regarde cet homme qui marche sur la voie ferrée, il **est** complètement **à la masse** !*

Être bon pour Charenton : fou, bon pour l'hôpital psychiatrique.
*Son comportement est absolument délirant. Il est **bon pour Charenton**.*

Dans la ville de Charenton se trouvait un asile, ancêtre des hôpitaux psychiatriques.

Fou (Folle) à lier : complètement fou, folle.
*Il a fallu l'interner, elle était devenue **folle à lier**.*

FRANC

Être franc comme l'or : très franc.
*Luc ne ment jamais, il **est franc comme l'or**.*

Franc du collier : être très franc, très loyal.
*Tu peux lui faire confiance, il n'a jamais trompé personne. Il est **franc du collier**.*

Un homme (Une femme) de parole : à qui l'on peut faire confiance.
*Ne vous inquiétez pas, José est **un homme de parole**, il vous aidera à vendre votre maison.*

GENTIL / MÉCHANT

Il ne ferait pas de mal à une mouche : il est inoffensif, il ne ferait de mal à personne.
*Bertrand est très grand et costaud mais au fond il est très doux, **il ne ferait pas de mal à une mouche**.*

Doux comme un agneau : très gentil, très doux.
*Il a l'air brutal, mais en réalité, il **est doux comme un agneau**.*

C'est une bonne pâte (familier) : c'est une personne très gentille et facile à vivre.
*Tu verras, Roberta est très gentille, **c'est une bonne pâte**.*

Ce n'est pas le mauvais cheval : il n'est pas méchant.
*Le professeur a l'air sévère, mais en fait, **ce n'est pas le mauvais cheval**.*

Mauvais (Méchant) comme la gale (comme une teigne) : très mauvais, très méchant.
*Cet enfant s'amuse à torturer les animaux. Il est **mauvais comme la gale**.*

Une peau de vache : une personne très méchante.
*Francine n'a pas prévenu le chef que je serai en retard, elle l'a fait exprès j'en suis sûr, **quelle peau de vache** !*

Être mauvaise langue : quelqu'un qui dit du mal de quelque chose ou de quelqu'un.
*– Je trouve que Xavier n'est pas très bien habillé. – Tu exagères, tu **es mauvaise langue**.*

Un panier de crabes : un endroit où les gens cherchent à se faire du mal par intérêt.
*Avant, Juliette travaillait dans un joli magasin de mode mais c'était **un** vrai **panier de crabes**.*

HYPOCRITE

On lui donnerait le bon Dieu sans confession : il (elle) a un visage innocent, un air d'honnêteté, mais ce n'est qu'une apparence.
*La police a arrêté l'assassin. C'est un jeune homme timide à qui on **donnerait le bon Dieu sans confession**.*

Faire le bon apôtre : avoir une apparence hypocrite de bonté.
*Il a l'air généreux mais méfie-toi, il **fait le bon apôtre**.*

Un faux frère : quelqu'un qui trahit.
*Pourquoi es-tu allé raconter à Carole mes secrets ? Tu n'es qu'un **faux frère**.*

Être faux comme un jeton : très hypocrite.
*Ne lui accorde aucune confiance, il est **faux comme un jeton**.*

Un faux cul (faux jeton, faux derche) (familier) : hypocrite.
*Méfie-toi de Patrick, c'est **un faux jeton**, il dit du mal de toi quand tu n'es pas là.*

IMPOLI

Être mal embouché : être grossier.
*Yvonne ne veut pas que sa fille joue avec le fils du voisin. Il **est** très **mal embouché** et lui apprend des gros mots.*

Jurer comme un charretier : jurer grossièrement.
*Magali est élégante mais elle **jure comme un charretier**. Cela choque beaucoup son ami.*

INFIDÈLE

Avoir un cœur d'artichaut : être volage, inconstant en amour.
*Léo est incapable d'être fidèle, il a **un cœur d'artichaut**.*

Donner un coup (des coups) de canif au (dans le) contrat : être infidèle en amour.
*Daniel est marié mais il a beaucoup d'aventures. Il **donne** souvent **des coups de canifs dans le contrat**.*

INTELLIGENT

En avoir sous la casquette (le crâne) : être intelligent.
*Elle n'est pas bête, elle **en a sous la casquette**.*

Avoir plus d'un tour dans son sac : être très malin et avoir toujours une solution.
*Henri **a plus d'un tour dans son sac** et il va bien nous aider à régler ce problème.*

Pas folle la guêpe ! : être malin, déjouer une tromperie.
*Le chauffeur de taxi a essayé de prendre un chemin plus long mais je l'ai remarqué tout de suite et je lui ai ordonné de prendre la route la plus courte. **Pas folle la guêpe !***

Il ne lui manque que la parole : se dit d'un animal que l'on considère très intelligent.
*Mon chien comprend tout, **il ne lui manque que la parole**.*

INTUITIF

Avoir du nez : avoir de l'intuition (en général).
*Comment André fait-il pour trouver de si bons collaborateurs ? – Il **a du nez** dans ce domaine.*

Avoir le nez creux : avoir de l'intuition (pour une situation spécifique).
*J'ai bien fait d'apporter des sandwiches, il n'y a pas de restaurant. – Tu **as eu le nez creux**.*

AVOIR DE LA MÉMOIRE / NE PAS AVOIR DE MÉMOIRE

Avoir la tête comme une passoire (familier) : ne pas avoir beaucoup de mémoire.
*Irène a encore oublié de me rapporter mon sac, elle **a** vraiment **la tête comme une passoire**.*

Avoir une mémoire d'éléphant : avoir une mémoire exceptionnelle.
*Il se souvient de tout, il **a une mémoire d'éléphant**.*

MALHEUREUX

Un pauvre diable : un homme malheureux.
*J'ai vu à la gare un vieil homme qui mendiait. Ce **pauvre diable** m'a fait pitié et je lui ai donné cinq euros.*

Avoir la tête
comme une passoire

MENTEUR

Mentir comme un arracheur de dents : mentir effrontément.
*Impossible de lui faire confiance, il **ment comme un arracheur de dents**.*

MOU

Mou comme une chiffe : une personne faible, très molle, sans caractère.

*Il faut quelqu'un d'agressif pour mener les négociations. N'envoie pas Julien, il est **mou comme une chiffe.***

Chiffe signifie « chiffon ». Variante : **une chiffe molle.**

OBSTINÉ, ENTÊTÉ

Avoir de la suite dans les idées : être obstiné.
*Denis demande depuis des semaines à ses parents une console de jeux. Il finira par l'obtenir, il **a de la suite dans les idées.***

N'en faire qu'à sa tête : ne pas écouter les autres et ne faire que ce que l'on veut.
*Cet enfant de quatre ans **n'en fait qu'à sa tête**, ses parents n'ont aucune autorité.*

Têtu comme une mule (une bourrique) : très entêté, obstiné.
*Jean ne veut pas écouter mes arguments et reste sur ses positions, il est **têtu comme une mule.***

Une mule est un croisement entre un âne et un cheval, réputée pour être têtue.
On peut aussi dire : **Quelle tête de mule !**

Avoir des œillères : être borné, refuser de considérer l'avis des autres.
*On ne peut pas discuter avec Joël, il **a des œillères.***

OPTIMISTE / PESSIMISTE

Voir tout en rose (tout en noir) : voir les choses sous un seul aspect positif ou un seul côté négatif.
*Depuis qu'elle est enceinte, Marthe **voit tout en rose.***

Un oiseau de mauvais augure : personne qui annonce ou prophétise des malheurs (réels ou imaginaires).
*Pour Thierry, l'avenir est sombre : réchauffement climatique, épidémies, troisième guerre mondiale, etc. Thierry est **un oiseau de mauvaise augure.***

Oiseau de mauvais augure

Jouer les Cassandre (recherché) : faire des prévisions dramatiques au risque de ne pas être cru.
*La situation économique n'est pas si grave. Arrête de **jouer les Cassandre.***

Cassandre était une princesse troyenne qui avait reçu le don de prophétie et qui s'était opposée à l'entrée dans la ville du fameux cheval de Troie laissé par les Grecs.

ORGUEILLEUX, VANITEUX

Être fier comme un paon : être très fier.
*Avec son nouveau manteau, elle est **fière comme un paon**.*

Être fier comme Artaban : être très fier.
*Depuis que Luc sort avec cette belle blonde, il **est fier comme Artaban**.*

Cette expression ne s'emploie qu'au masculin.

Se regarder le nombril : être satisfait de soi, de manière prétentieuse.
*C'est vrai que Dominique est un excellent négociateur mais il **se regarde le nombril**.*

Avoir (Attraper) la grosse tête : être vaniteux.
*Ce chanteur est devenu célèbre très vite et très jeune et il risque d'**attraper la grosse tête**.*

Se hausser (Se pousser) du col : se mettre en valeur, se faire valoir, être prétentieux.
*Depuis que le directeur l'a félicité, il se croit supérieur à ses collègues et il **se hausse du col**.*

Rouler les mécaniques (familier) : rouler les épaules en marchant (se dit pour un homme qui veut passer pour fort et supérieur).
*Les femmes aiment rarement les hommes qui **roulent les mécaniques**.*

Péter plus haut que son cul (populaire) : être prétentieux.
*Germain est encore en train de donner des conseils qu'on ne lui demande pas. Il faut toujours qu'il **pète plus haut que son cul**.*

Se la péter (familier) : se vanter, montrer de l'orgueil.
*Maria-Fabiola **se la pète** avec sa voiture décapotable.*

Se croire sorti de la cuisse de Jupiter : se croire remarquable, exceptionnel.
*Estelle s'attend à ce que tout le monde soit à ses pieds. Elle **se croit sortie de la cuisse de Jupiter**.*

PARESSEUX

Avoir un poil dans la main (familier) : être paresseux.
*Ma nièce est très travailleuse, tout le contraire de son frère qui **a un poil dans la main**.*

Avoir les côtes en long (familier) : être paresseux.
*Pour être boulanger, il faut se lever de bonne heure et travailler dur. Pas question d'**avoir les côtes en long**.*

Être paresseux comme une couleuvre : être très paresseux.
*Fabien **est paresseux comme une couleuvre**, il n'aide jamais sa mère à la maison.*

Une couleuvre est un serpent inoffensif qui aime rester sans bouger au soleil.

Inspecteur des travaux finis : se dit pour se moquer d'une personne qui s'attribue le résultat du travail d'autres personnes ou qui critique le travail des autres quand il n'a rien fait.
Tu aurais dû peindre le salon en blanc et pas en beige et mettre des rideaux bleus. – Oh toi, l'inspecteur des travaux finis !

Être un tire-au-flanc (Tirer au flanc) (familier) : Être un paresseux (paresser), ne pas faire le travail.
Depuis ce matin, vous n'avez fait que bavarder au lieu de travailler. Si vous continuez à tirer au flanc, vous ne ferez plus partie de l'équipe.

Variantes : **un tire-au-cul, tirer au cul** (populaire).

Prosaïque

Être terre à terre : voir les choses uniquement sous un aspect matériel.
Il est difficile de parler philosophie avec Julie, elle est un peu trop terre à terre.

Sensible / insensible

Être fleur bleue : être sentimental.
Elle adore les films d'amour, elle est très fleur bleue.

Une sensibilité d'écorché vif : une sensibilité trop vive, excessive.
Vincent ne peut pas supporter la moindre remarque, il a une sensibilité d'écorché vif.

Variante : **c'est un écorché vif.**

Avoir le cœur (l'estomac) bien accroché : capable de supporter des émotions fortes.
Patrice conduit vite et prend beaucoup de risques au volant. Pour voyager avec lui, il faut avoir le cœur bien accroché.

Ne pas faire de cadeaux : être dur, impitoyable (particulièrement dans les affaires).
Il est très dur en affaires, il ne fait pas de cadeaux.

Un cœur de pierre (de marbre) : un caractère insensible.
Les malheurs des autres lui sont complètement indifférents, il a un cœur de pierre.

Avoir une pierre à la place du cœur : être insensible, sans pitié.
Il n'y a aucune pitié à attendre de lui, il a une pierre à la place du cœur.

Être sans entrailles : dur, cruel.
Son banquier a refusé un prêt à Nathalie. Elle trouve qu'il est sans entrailles.

SÉRIEUX

Avoir du plomb dans la tête (la cervelle) : être sérieux, réfléchi.
*Quentin n'a que vingt ans mais il **a du plomb dans la cervelle.***

Avoir la tête sur les épaules : être raisonnable, sérieux.
*Ses parents ont confiance en Romain qui est parti vivre au Chili. Il est jeune mais il **a la tête sur les épaules.***

Être sérieux comme un pape : ne pas sourire, avoir une expression grave.
*Autant Nicolas est joueur et coquin autant son petit frère **est sérieux comme un pape.***

STUPIDE

Ne pas avoir inventé la poudre (l'eau chaude, le fil à couper le beurre) : ne pas être très intelligent.
*Tu as fait connaissance avec ton nouveau voisin ? – Oui, il est gentil mais il **n'a pas inventé la poudre** !*

Ce n'est pas un aigle : Ce n'est pas quelqu'un de très intelligent.
*Julien n'est même pas capable d'allumer un ordinateur. **Ce n'est pas un aigle.***

Une cervelle de moineau (d'oiseau) : personne étourdie et peu intelligente.
*Ne lui confie pas de responsabilité, il oublie tout, il a une **cervelle d'oiseau.***

Une oie blanche : une jeune fille candide et un peu stupide.
*Henry a rencontré une jeune fille très bien élevée, presque **une oie blanche.***

Ne pas voir (regarder) plus loin que le bout de son nez : être borné, ne pas réfléchir.
*C'est impossible de discuter avec Carine, elle **ne voit pas plus loin que le bout de son nez.***

Être bête à manger du foin (bête à pleurer, bête comme ses pieds, comme une oie) : être très bête.
*Il ne comprend jamais rien, il est **bête à manger du foin.***

Avoir un petit pois (un pois chiche) dans la tête : être idiot, niais.
*Gérard a encore oublié d'apporter le pain, il a vraiment **un pois chiche dans la tête.***

Voler bas : être d'un niveau intellectuel très bas (une histoire, un film, etc.).
*Ce film est comique mais franchement, **ça vole bas.***

Variante ironique : **ça ne vole pas bien haut.**

Être (Voler) au ras des pâquerettes : peu élevé, bête et parfois grossier.
*Les blagues qu'on reçoit par Internet sont souvent **au ras des pâquerettes.***

Être con comme la lune (un balai) (familier) : être très stupide.
Ne demande aucun conseil à Patrick, il est con comme la lune.

En avoir (En tenir) une couche (une bonne couche) (familier) : être complètement idiot.
Je ne sais pas comment on a pu l'embaucher. Il ne comprend rien et fait tout de travers, il en tient une bonne couche.

Être bouché à l'émeri : être incapable de comprendre, être borné.
C'est pourtant simple à comprendre. Tu es bouché à l'émeri ou quoi ?

TRAVAILLEUR

Un bourreau de travail : un grand travailleur.
Faites-lui confiance, il saura accomplir cet ouvrage à temps. C'est un bourreau de travail.

LES ÉMOTIONS EN GÉNÉRAL

Faire battre le cœur : donner des émotions.
*Ce jeune chanteur **fait battre le cœur** des jeunes filles. Elles rêvent toutes de lui.*

Battre la chamade : battre à grands coups, en parlant du cœur sous l'emprise d'une émotion.
*En allant au lycée voir les résultats du baccalauréat, les lycéens ont souvent le cœur qui **bat la chamade.***

La chamade était un appel de trompettes et de tambours par lequel les assiégés informaient les assiégeants qu'ils voulaient capituler.

Passer par toutes les couleurs : pâlir, rougir suite à une émotion.
*Bettina est allée raconter à Guy qu'Emmanuelle était amoureuse de lui. Quand Emmanuelle l'a appris, elle **est passée par toutes les couleurs.***

Battre la chamade

Variante : **passer par toutes les couleurs de l'arc-en-ciel.**

Aller droit au cœur : toucher.
*J'ai été très sensible à vos compliments. Ils me **sont allés droit au cœur.***

Accuser le coup : montrer par ses réactions qu'on est affecté physiquement ou moralement.
*Quand les collègues de Delphine l'ont publiquement désavouée, elle est devenue très pâle. Tout le monde a vu qu'elle **accusait le coup.***

Marquer le coup peut avoir le même sens qu'**accuser le coup**, mais cette expression peut aussi signifier « souligner l'importance d'une chose par une manifestation » :
*Je viens d'avoir une augmentation ; **pour marquer le coup**, je vous invite tous au restaurant.*

Remuer les tripes (familier) : provoquer une émotion intense.
*Voir ce reportage sur les peuples qui meurent de faim, ça m'**a remué les tripes.***

Prendre sur soi : maîtriser ses émotions.
*Quand tu verras ta belle-mère, essaie d'ignorer ses critiques et de **prendre sur toi.***

Rester maître de soi : se contrôler.
*Devant tous les reproches de son supérieur, François **est resté maître de lui**.*

Rester de marbre : ne montrer aucune émotion.
*Romain **est resté de marbre** quand sa femme lui a dit qu'elle le quittait.*

SE SENTIR BIEN OU MAL

Être d'attaque : être en forme.
*Tu es prêt pour faire vingt kilomètres de randonnée ? **Tu es d'attaque ?***

Être comme un poisson dans l'eau : se sentir parfaitement à son aise.
*Bertrand a changé de métier, il est devenu décorateur. À présent, il **est comme un poisson dans l'eau**.*

Avoir bonne (mauvaise) mine : avoir l'air en bonne (mauvaise) forme.
*On voit que tu reviens de vacances, tu **as** vraiment **bonne mine**.*

Être (se sentir) bien (mal) dans ses baskets (familier) : être (ne pas être) à l'aise.
*Xavier se plaît dans sa nouvelle école. **Il se sent bien dans ses baskets**.*

Être bien (mal) dans sa peau : se sentir bien (mal) dans son corps, dans sa vie.
*Les adolescents **sont** souvent **mal dans leur peau**.*

Reprendre du poil de la bête : retrouver forme et énergie après une maladie ou un problème.
*Carla avait perdu dix kilos pendant sa maladie mais elle va mieux, elle **reprend du poil de la bête**.*

Ne pas être dans son assiette : ne pas être dans son état normal (physique ou moral).
*Ce matin, je me suis réveillé avec un peu de fièvre. Aujourd'hui, **je ne suis pas dans mon assiette**.*

Ne pas être dans son assiette

LA BONNE HUMEUR ET LA MAUVAISE HUMEUR

Être de bon (mauvais) poil (familier) : de bonne (mauvaise) humeur.
*Mon père **est** souvent **de mauvais poil** au réveil, il vaut mieux lui téléphoner plus tard.*

Se lever du pied gauche : être de mauvaise humeur sans raison apparente.
*Odile est furieuse contre tout le monde ce matin, elle a dû **se lever du pied gauche**.*

Avoir toujours un pet de travers (familier) : être toujours mécontent de quelque chose.
*Irène n'est jamais contente, avec elle il y **a** toujours **un pet de travers**.*

Avoir chaud / avoir froid

Être en nage : avoir beaucoup transpiré.
*Yann a couru pour arriver à l'heure au théâtre et maintenant il **est en nage**.*

Avoir la chair de poule : avoir froid (ou peur).
*On rentre ? Il commence à faire froid et je suis en chemisette. J'ai déjà **la chair de poule**.*

Claquer des dents : avoir très froid, mais aussi avoir peur.
*Au beau milieu de la nuit, le chauffage s'est arrêté. J'ai **claqué des dents** jusqu'au matin.*

Se geler le cul (Se les geler) (populaire) : avoir froid.
*Ce n'était pas une bonne idée de faire du jogging en plein mois de février. Continue si tu veux, moi je rentre, je **me gèle le cul**.*

La colère

L'avoir mauvaise : avoir du ressentiment, être furieux.
*Personne n'a pensé à inviter Nicolas au mariage, il **l'a** vraiment **mauvaise**.*

Se mettre en boule (familier) : se mettre en colère.
*Ne le provoque pas, il **se met** facilement **en boule**.*

Grincer des dents : être en colère, en rage.
*Les employés doivent accepter une baisse de salaire et pourtant l'entreprise est bénéficiaire. Beaucoup d'entre eux **grincent des dents**.*

La moutarde me (te, lui, nous, etc.) monte au nez : ressentir une colère grandissante.
*Après quatre semaines sans téléphone, **la moutarde lui est montée au nez** et il a changé de fournisseur.*

Voir rouge : ressentir une colère subite et extrême.
*Quand un autre homme regarde sa femme, Roger **voit rouge**.*

Être rouge de colère : très en colère.
*Sous l'insulte, il est devenu **rouge de colère**.*

Variante : **être vert de rage.**

Être rouge comme un coq : très rouge (en général de colère).
*Audrey s'est moquée de la petite taille d'Arthur. Celui-ci est devenu **rouge comme un coq**.*

Se fâcher tout rouge : se mettre dans une violente colère.
*Le vendeur de journaux **s'est fâché tout rouge** quand je l'ai payé en pièces de un centime.*

III - Les émotions et les sensations

Monter sur ses grands chevaux : s'emporter, le prendre de haut.
Quand il a su que sa proposition n'était pas acceptée, il est monté sur ses grands chevaux et a menacé de quitter la réunion.

Jeter des éclairs : briller de colère.
Je n'avais jamais vu Yves dans une telle rage. Ses yeux jetaient des éclairs.

Monter sur ses grands chevaux

Sortir de ses gonds : être subitement furieux, hors de soi.
Quand elle a appris que son fils n'était pas allé à l'école, elle est sortie de ses gonds et l'a puni pendant une semaine.

Péter les plombs (familier) : perdre son calme, exploser.
Marielle ne supportait plus sa vie et elle a pété les plombs, elle a tout cassé dans sa maison.

Une colère noire : une grande colère.
Les mauvaises critiques parues dans la presse ont mis le cinéaste dans une colère noire.

La confusion physique

Être dans le coaltar (familier) : être hébété, inconscient, ne pas avoir les idées claires.
Cyrille a fait la fête toute la nuit. Ce matin, il n'arrive pas à se concentrer à son travail, il est dans le coaltar.

Avoir la tête dans le cul (vulgaire) : ne pas avoir les idées claires.
Martin a fait la fête toute la nuit. Ce matin il a tellement la tête dans le cul qu'il se demande s'il ira travailler.

En voir trente-six chandelles : être ébloui, étourdi par un coup.
Julia s'est cogné la tête contre une poutre. Elle en a vu trente-six chandelles.

La confusion mentale

Se mélanger les pinceaux (les crayons) : s'embrouiller dans ses explications, ses pensées ou ses actions.
Impressionné par le jury, l'étudiant s'est mélangé les pinceaux et a raté son oral.

Se noyer dans un verre d'eau : Ne pas surmonter la plus petite difficulté.
Ma nouvelle assistante est toujours stressée, elle se noie dans un verre d'eau.

Se noyer
dans un verre d'eau

Perdre le nord : être désorienté.
Je ne retrouve pas le nom de cette rue sur la carte, j'ai perdu le nord.

Souvent employé à la forme négative, l'expression est ironique et signifie « rester attentif, ne rien oublier » : *Papa, tu m'avais promis une glace ! – Tu **ne perds pas le nord**, toi !*

Perdre la boussole : perdre la tête, être affolé.
Devant les questions très difficiles de l'examinateur, l'étudiant a perdu le nord.

La bouteille à encre : situation confuse.
*Qui décide quoi dans cette entreprise ? Impossible de le savoir, c'est la **bouteille à encre**.*

La tête à l'envers : l'esprit troublé.
René a appris ce matin qu'il était muté dans un autre service. Cette nouvelle inattendue lui a mis la tête à l'envers.

Être dans le brouillard (le potage) : être en pleine confusion, ne pas voir clair dans une situation qui pose problème.
*Je ne sais pas comment me sortir de cette situation peu claire. Je **suis** complètement **dans le brouillard**.*

Ne plus savoir où donner de la tête : être dans la confusion car on a trop de choses à faire.
*Avec ses cinq enfants et ses trois chiens, Marcelle **ne sait plus où donner de la tête**.*

Ne plus savoir à quel saint se vouer : ne plus savoir quoi faire, quelle décision prendre.
*Mathieu a eu des problèmes avec tous ses fournisseurs, il **ne sait plus à quel saint se vouer**.*

LA CONTRARIÉTÉ

En faire une jaunisse : être excessivement contrarié par quelque chose.
*Arthur ne supporte pas de voir Henri sortir avec son ex, il va **en faire une jaunisse** !*

Cela me ferait mal au ventre : cela me contrarierait beaucoup.
***Cela me ferait mal au ventre** de renoncer à mes vacances de ski.*

LA CULPABILITÉ, LA GÊNE, LA HONTE

Piquer un fard : rougir brusquement.
*Elle s'est aperçue que le surveillant avait remarqué qu'elle trichait et elle **a piqué un fard**.*

Avoir quelque chose sur la conscience : se sentir (être) coupable, responsable de quelque chose.
*Guillaume a provoqué un accident mortel en conduisant en état d'ivresse. Il **a deux morts sur la conscience**.*

S'en vouloir de quelque chose : se sentir coupable de quelque chose.
*Colette **s'en veut d'avoir laissé** son chat seul à la maison tout le week-end.*

Se sentir (Être) gêné aux entournures : être mal à l'aise, dans une situation incommode.
*Xavier est passé chef et doit diriger maintenant ses anciens collègues. Il **se sent gêné aux entournures**.*

Être dans ses petits souliers : se sentir mal à l'aise psychologiquement, avoir mauvaise conscience.
*Geoffrey s'est trompé en accusant violemment son collègue de vol. Il s'est excusé et maintenant, il **est dans ses petits souliers**.*

Jeter un froid : produire une impression de gêne, de malaise.
*L'ambiance était très gaie jusqu'à ce que Jane annonce qu'elle venait de se faire licencier. Ça **a jeté un froid**.*

Se cacher (Entrer, Se mettre, etc.) dans un trou de souris : se cacher par honte.
*Anne-Laure a eu envie de **se cacher dans un trou de souris** quand elle a réalisé que son patron l'avait surprise en train de chanter et danser dans son bureau.*

LE DÉGOÛT

Donner (filer) des boutons à quelqu'un : dégoûter.
*Son comportement m'écœure, ça **me file des boutons**.*

Lever (Soulever) le cœur : dégoûter, écœurer.
*Dans l'avion, le passager à côté de moi s'est mis à vomir, ça m'**a levé le cœur**.*

LA DÉMORALISATION, LE DÉSESPOIR

S'arracher les cheveux : se désespérer, se tourmenter.
*Ça fait la dixième fois que je t'explique et tu ne comprends toujours pas. C'est à **s'arracher les cheveux** !*

Avoir des idées noires (Broyer du noir) : penser à des choses négatives, être dans un état dépressif.
*Tu devrais arrêter de **broyer du noir** et sortir un peu pour te changer les idées.*

Avoir le moral à zéro (Avoir le moral dans les chaussettes) (familier) : ne pas avoir le moral.
*Nadège ne trouve pas de travail, elle **a le moral à zéro**.*

Voir (tout) en noir : voir seulement le côté négatif des choses.
*Arthur est furieux d'avoir raté son entretien de travail. – Il **voit** toujours **tout en noir**, moi je suis sûr qu'il va avoir le poste.*

Ne plus avoir que ses yeux pour pleurer : être désespéré.
*Sa maison a totalement brûlé dans l'incendie, il a une mauvaise assurance et maintenant il **n'a plus que ses yeux pour pleurer**.*

Être au trente-sixième dessous : être totalement démoralisé.
*Tu devrais aller parler à Adeline. Elle a raté son entretien et elle **est au trente-sixième dessous**.*

L'ENNUI

Bâiller comme une carpe : bâiller en ouvrant largement la bouche.
*La conférence était si ennuyeuse que les auditeurs **bâillaient comme des carpes**.*

S'ennuyer (S'embêter, S'emmerder, etc.) à cent sous de l'heure (comme un rat mort) (familier) : s'ennuyer beaucoup.
*La cérémonie de mariage était interminable. On **s'est ennuyés à cent sous de l'heure**.*

L'EXASPÉRATION, L'IRRITATION

Lever les yeux au ciel : regarder vers le haut pour montrer son agacement ou sa désapprobation.
*En voyant la tenue ridicule que sa femme avait mise, le pauvre mari **a levé les yeux au ciel**.*

Lâche-moi les baskets (familier) : laisse-moi tranquille.
*Arrête de m'embêter. **Lâche-moi** un peu **les baskets**.*

Courir sur le haricot (à quelqu'un) (familier) : énerver, exaspérer quelqu'un.
*Ma collègue est constamment absente et je dois faire son travail, elle commence à **me courir sur le haricot**.*

Courir sur le haricot

Être à cran : être irritable, excédé.
*Ce n'est pas le moment de venir la déranger. Elle a eu une journée difficile et elle **est à cran**.*

On peut aussi **mettre quelqu'un à cran**.

Être sur le dos de quelqu'un : gêner, importuner quelqu'un par une présence peu discrète.
*Roxane a décidé qu'à 18 ans, elle quitterait la maison pour avoir enfin sa liberté. Elle ne supporte plus que ses parents **soient** toujours **sur son dos**.*

Avoir les boules (familier) : être très énervé, en avoir assez, avoir peur.
*J'ai attendu sous la pluie pendant une heure un copain qui n'est pas venu. **J'ai les boules**.*

Le sens de cette expression dépend des générations. Pour les plus jeunes, elle signifie « être énervé », pour les plus âgés « avoir peur ».

Avoir les nerfs en boule (en pelote) : être très énervé.
*Jeanne **a les nerfs en pelote** car sa fille est totalement rebelle.*

Être à bout de nerfs : être à la limite de la crise de nerfs.
*N'ajoute pas un mot, je **suis à bout de nerfs** et je risque de te dire des choses désagréables.*

En avoir ras le bol (familier) : en avoir assez.
*J'étudie depuis ce matin, je commence à **en avoir ras-le-bol**.*

Taper sur les nerfs (de quelqu'un) : énerver.
*Florence critique sans arrêt mon travail, elle commence à **me taper sur les nerfs**.*

Porter (Taper) sur le système : énerver fortement.
*Le bruit des travaux de la rue commence à **me taper sur le système**.*

Casser la tête à quelqu'un : excéder quelqu'un en parlant trop ou en faisant trop de bruit.
*Barbara **m'a cassé la tête** toute l'après-midi avec ses histoires de cœur.*

Faire suer (chier [populaire]) quelqu'un : exaspérer quelqu'un.
*Cédric m'appelle dix fois par jour, il commence à **me faire suer**.*

Prendre la tête à quelqu'un (familier) : fatiguer, énerver quelqu'un.
*Tais-toi, tu **me prends la tête** avec tes courses de voitures.*

On dit aussi **une prise de tête**.

Prendre le chou (familier) : énerver.
*Cet enfant me pose toujours les mêmes questions et n'écoute jamais les réponses. Il commence à **me prendre le chou**.*

Échauffer la bile (les oreilles) de quelqu'un : irriter quelqu'un, le mettre en colère.
*Je ne supporterai pas une insolence de plus, monsieur. Vous **m'échauffez les oreilles**.*

Pomper l'air à quelqu'un (familier) : ennuyer, énerver quelqu'un.
*Tu **me pompes l'air** avec tes questions.*

Casser les oreilles à quelqu'un : fatiguer quelqu'un par ses paroles ou par du bruit.
*Ma collègue me parle de son bébé toute la journée, elle **me casse les oreilles**.*

Casser les pieds à quelqu'un : énerver fortement quelqu'un.
*Arrête de crier comme ça, tu **me casses les pieds**.*

Faire devenir chèvre (familier) : faire enrager, rendre fou.
*Kathy a trouvé un travail de baby-sitter, mais elle n'a pas l'habitude des enfants. Au bout d'une heure, les enfants l'**avaient fait devenir chèvre** avec leurs cris.*

Faire tourner en bourrique : rendre fou.
*J'ai gardé les enfants des voisins toute la journée. Ces enfants insupportables **m'ont fait tourner en bourrique**.*

Casser les couilles à quelqu'un (vulgaire) : importuner, embêter quelqu'un.
*J'en ai marre de lire cette pièce de théâtre, ça **me casse les couilles**.*

Variante : **ça me les casse, ça me les brise.**

En avoir sa claque (familier) : en avoir assez, être fatigué de quelque chose.
*Je vais démissionner, je ne supporte plus ce travail ni mes collègues, j'**en ai ma claque**.*

Se taper la tête contre les murs : s'énerver contre soi-même.
*Jean s'est fait voler sa voiture et la police ne le croit pas. Il a envie de **se taper la tête contre les murs**.*

En avoir plein le dos (familier) : en avoir assez, être excédé.
*Ce n'est pas la première fois que je te le dis, mais c'est toujours la même chose avec toi, tu ne m'écoutes jamais. J'**en ai plein le dos**.*

En avoir plein les couilles (le cul) (vulgaire) : en avoir assez.
*Lucien a accepté d'accompagner sa femme pour faire les soldes. Après trois heures dans les magasins, il n'en peut plus, il **en a plein les couilles**.*

En avoir plein les bottes : être très fatigué (physiquement ou moralement).
*À cause de la grève, Adrien a dû marcher six kilomètres, il **en a plein les bottes**.*

Sortir par les yeux à quelqu'un : être excédé, ne plus supporter quelque chose.
*Je dois changer ce vieux tapis jaune, il **me sort par les yeux**.*

L'EXCITATION

Se monter le bonnet : se monter la tête, s'exciter, s'exalter.
*Depuis qu'il a eu un petit rôle dans un téléfilm, Daniel se croit célèbre. Il **se monte** un peu trop **le bonnet**.*

LA FATIGUE

Un coup de barre : accès soudain de fatigue.
*Je crois que je vais me reposer un peu, j'**ai un coup de barre**.*

Le coup de barre est aussi une addition trop élevée.

Être sur le flanc : être très fatigué.
*Ce match de tennis m'a épuisé, je **suis sur le flanc**.*

Avoir une mine de papier mâché : avoir un visage très fatigué, malade.
*Il faut te reposer, Bertrand, tu **as une mine de papier mâché**.*

Ne pas avoir les yeux en face des trous (familier) : ne pas bien voir car on est fatigué ou ivre.
*Tu es trop ivre pour rentrer tout seul chez toi, tu **n'as pas les yeux en face des trous**.*

Être dans les vapes (familier) : se sentir peu réveillé, fatigué ou sous l'effet de l'alcool.
*Marielle n'est jamais très attentive en classe, elle **est** même parfois **dans les vapes**.*

En avoir plein les pattes (familier) : être épuisé après avoir beaucoup marché.
*Une journée de shopping dans Paris, c'est fatigant, on **en a plein les pattes**.*

Aller (Marcher, Se lever, etc.) au radar : dans un état de fatigue et un peu d'inconscience.
*Hervé n'a dormi que quatre heures cette nuit. Ce matin, il **marche au radar**.*

Avoir les jambes en coton : avoir les jambes molles de fatigue ou d'émotion.
*En traversant la rue, j'ai failli me faire écraser. J'en **ai** encore **les jambes en coton**.*

En compote : meurtris (pour une partie du corps).
*Cette escalade était particulièrement fatigante, j'ai les jambes et les bras **en compote**.*

Être à plat : être extrêmement fatigué.
*Comment vas-tu, Éric ? – Mal. J'ai la grippe et je **suis à plat**.*

Être au bout du rouleau : être dans un état physique ou psychologique très bas.
*Clément travaille jour et nuit depuis une semaine à l'hôpital, il **est au bout du rouleau**.*

L'INQUIÉTUDE

Se mettre martel en tête (recherché) : se faire des soucis inutiles (s'utilise surtout à la forme négative)
*Il est minuit et Agathe n'est pas rentrée, il lui est arrivé quelque chose. – Ne te **mets pas martel en tête**, elle va arriver.*

Se faire du mouron (du souci, de la bile, des cheveux) (familier) : s'inquiéter.
*Te **fais pas de mouron**, je suis sûr que José va t'appeler avant ce soir.*

Se faire des cheveux blancs : les soucis font vieillir.

Se faire du mauvais sang (un sang d'encre) : se faire du souci, s'inquiéter.
Les parents se font souvent du mauvais sang pour leurs enfants.

Serrer les fesses (familier) : avoir peur, s'inquiéter.
Antoine n'a pas appris sa leçon. Pendant la classe, il serre les fesses et espère que le professeur ne l'interrogera pas.

Variante : **avoir chaud aux fesses.**

Être dans tous ses états : être affolé, très agité.
Son fils devrait être rentré de l'école depuis deux heures et il n'est toujours pas là. Elle est dans tous ses états.

Être aux cent coups : être extrêmement inquiet.
Myriam, 15 ans, a dit à sa mère qu'elle renterait à dix heures. Il est plus de minuit et elle n'est pas rentrée. Sa mère est aux cent coups.

Se ronger les sangs : s'inquiéter avec beaucoup d'angoisse.
Delphine se ronge les sangs en attendant que l'état de santé de son mari s'améliore.

LA JOIE

Être aux anges : être absolument ravi.
Nicole est aux anges. Son patron lui a proposé de partir en mission à Bali.

Grimper aux rideaux : éprouver une joie intense.
Quand je vais annoncer à ma femme que j'ai gagné au loto, elle va grimper aux rideaux.

Grimper aux rideaux est aussi souvent employé avec un sens érotique.

Être au septième ciel : être au comble du bonheur.
Evelyne a enfin trouvé l'homme de sa vie, elle est au septième ciel.

Crier victoire : exprimer sa joie d'avoir gagné.
Maintenant que tu as enfin réussi ton bac, tu peux crier victoire.

L'expression est fréquente à la négative : **Il ne faut pas crier victoire trop vite.**

Être au septième ciel

LA PEUR

Ne craindre ni Dieu ni diable : n'avoir peur de rien.
*Cet enfant est intrépide, il **ne craint ni Dieu ni diable**. Ses parents aimeraient qu'il soit plus prudent.*

Être sur des charbons ardents : être très impatient et anxieux.
*Marc attend le résultat de ses examens. Il **est sur des charbons ardents**.*

Variante : **être sur le gril.**

Prendre son courage à deux mains : se décider malgré les difficultés, la peur, la timidité.
*Pour affronter son patron qui l'intimide, la secrétaire a dû **prendre son courage à deux mains**.*

Froid dans le dos : une impression de peur.
*J'ai vu une émission à la télévision sur les dangers du tabagisme passif qui m'a fait **froid dans le dos**.*

Avoir les jetons (les foies) (familier) : avoir peur.
*Je vais la chercher parce qu'elle **a les jetons** de rentrer à la maison seule le soir.*

Avoir la chair de poule (Donner la chair de poule à quelqu'un) : être effrayé (provoquer de la frayeur).
*Ce film d'horreur **m'a donné la chair de poule**.*

On peut aussi avoir la chair de poule sous l'effet du froid.

Les avoir (Avoir le trouillomètre) à zéro (familier) : avoir très peur.
*Yohann s'est retrouvé en panne de voiture en pleine nuit, il **les avait à zéro**.*

Avoir une peur bleue : avoir une forte peur.
*Géraldine **a une peur bleue** des araignées.*

Avoir (Arriver, Venir, etc.) la peur au ventre : être très angoissé.
*En attendant les résultats de son examen, Arnaud **a la peur au ventre**.*

Avoir (Donner) des sueurs froides : avoir (faire) très peur.
*Pendant un instant, Arthur a cru que ses freins ne marchaient plus. Ça lui **a donné des sueurs froides**.*

Faire dresser les cheveux sur la tête : inspirer de la frayeur.
*J'ai lu hier soir un roman d'épouvante qui m'**a fait dresser les cheveux sur la tête**.*

Faire dans sa culotte (populaire) : avoir très peur, être paniqué.
*Nicole a commis une faute professionnelle grave. Le directeur l'a convoquée et elle **fait dans sa culotte**.*

Variante : **faire dans son froc** (pantalon en français familier)

Trembler comme une feuille : trembler de peur.
*Le chien n'est pas méchant, il ne va pas t'attaquer. Arrête de **trembler comme une feuille**.*

Glacer le sang à quelqu'un : horrifier quelqu'un.
*Diane a vu un accident sur l'autoroute et des blessés. Cela **lui a glacé le sang**.*

LE PLAISIR, L'ENVIE
Prendre son pied (familier) : avoir beaucoup de plaisir.
*Bruno a réalisé son rêve en conduisant une voiture de course, il **a pris son pied**.*

On dit aussi **c'est le pied** ! **Prendre son pied** peut aussi avoir un sens érotique.

De bon (tout, grand) cœur : très volontiers, avec plaisir.
*Nous sommes très touchés que vous ayez pensé à nous, c'est **de grand cœur** que nous acceptons votre invitation.*

À l'inverse : **Ce n'est pas de gaieté de cœur.**

Si le cœur vous en dit (Si le cœur t'en dit) : si vous en avez envie (si tu en as envie).
*Il y a du jus d'orange et de la bière dans le frigidaire. Sers-toi **si le cœur t'en dit**.*

Ne pas cracher sur quelque chose : apprécier quelque chose.
*Tu devrais proposer un cognac à Richard. Il **ne crache pas sur l'alcool**.*

Avoir un (petit) goût de revenez-y (familier) : être si bon qu'on a envie d'en reprendre.
*Tu as goûté ces petits macarons, ils **ont un petit goût de revenez-y**.*

Le péché mignon (de quelqu'un) : chose qu'on voudrait s'interdire mais qu'on adore.
*Le chocolat a toujours été **le péché mignon** de Julien.*

Ne pas être chaud pour faire quelque chose : ne pas être disposé à.
*Je suis un peu fatigué ce soir, je **ne suis pas très chaud pour aller au concert**.*

Ne pas avoir le cœur de (à) faire quelque chose : ne pas avoir le courage ou l'envie de faire quelque chose.
*Pendant que sa copine était à l'hôpital, Daniel **n'avait pas le cœur de sortir** faire la fête avec ses amis.*

Ce n'est pas ma tasse de thé : ce n'est pas quelque chose que j'affectionne.
*Le rap, **ce n'est pas ma tasse de thé**. Je préfère le jazz.*

LE REGRET

Se mordre le doigt de quelque chose : se repentir vivement, amèrement d'avoir fait quelque chose.
*La mère de Bernard est irlandaise et elle voulait lui apprendre l'anglais quand il était petit. Mais il n'a fait aucun effort et maintenant, il **s'en mord les doigts**.*

Se mordre la langue (les lèvres) : regretter immédiatement une parole que l'on vient de dire.
*Olivier **s'est mordu la langue** d'avoir raconté ses problèmes conjugaux à son collègue.*

LA RÉSIGNATION

Faire son deuil de quelque chose : se résigner à être privé de quelque chose.
*Laure a plus de trente ans, elle n'espère plus maintenant gagner une médaille aux Jeux olympiques. Elle **en a fait son deuil**.*

Porter sa croix : supporter des épreuves avec résignation.
*Ma femme vient de me quitter en emmenant les enfants. Ma sœur **porte sa croix** elle aussi : sa fille se drogue et son fils est en prison.*

Faire quelque chose la mort dans l'âme : à contrecœur.
*Les enfants ont vendu la maison familiale **la mort dans l'âme**.*

LA SATISFACTION

Boire du petit lait : être très satisfait de soi-même, se réjouir.
*Devant les compliments de l'inspecteur, le professeur **buvait du petit lait**.*

Se frotter les mains : se féliciter.
*Le directeur **se frotte les mains** car son chiffre d'affaires a doublé en un an.*

Mi-figue mi-raisin : mitigé, un mélange de satisfaction et de mécontentement.
*La critique a loué le livre mais il ne se vend pas. L'auteur est **mi-figue, mi-raisin**.*

Rester sur sa faim : être insatisfait, conserver une impression de manque.
*L'exposé était intéressant mais j'aurais aimé en savoir plus. Je **suis resté sur ma faim**.*

LA SOUFFRANCE

Comprendre sa douleur : souffrir beaucoup.
*Personne ne veut travailler sous ses ordres tant il est tyrannique. Si tu es muté dans son service, tu vas **comprendre ta douleur**.*

Boire le calice jusqu'à la lie : supporter une épreuve pénible, souffrir jusqu'au bout.
*Rien ne lui aura été épargné. Il a dû **boire le calice jusqu'à la lie**.*

Arracher (Déchirer, Fendre) le cœur : faire souffrir.
*J'ai regardé une émission sur la faim dans le monde. Cela m'a **fendu le cœur** de voir tous ces enfants squelettiques.*

Enfoncer (Remuer, Retourner) le couteau dans la plaie : faire souffrir en évoquant ce qui est pénible, en ravivant une douleur.
*Ne parle pas de littérature russe devant moi. La fille qui vient de me quitter est russe et tu **retournes le couteau dans la plaie**.*

Tuer (Faire mourir) à petit feu : faire souffrir longtemps.
*Ces enfants sont insupportables. Ils me **feront mourir à petit feu**.*

Enfoncer un couteau dans le cœur : provoquer une douleur morale violente et soudaine.
*Quand Sabine a annoncé à Romain qu'elle le quittait, c'est comme si elle lui **avait enfoncé un coup de couteau dans le cœur**.*

Serrer les dents : se préparer à un effort, à supporter une souffrance.
*Ton épaule est déboîtée, je vais essayer de la remettre en place. Attention, ça va faire mal, **serre les dents**.*

Ne pas être à la noce (familier) : être dans une situation difficile, souffrir.
*Geneviève a des douleurs terribles dans le dos, elle **n'est pas à la noce** !*

Passer sous les fourches caudines (recherché) : subir des conditions dures ou humiliantes.
*Le journaliste sportif avait critiqué l'entraîneur de football. Mais ce dernier a conduit son équipe à la victoire. Le journaliste a dû **passer sous les fourches caudines** et présenter des excuses publiques.*

Après une défaite près de Caudium, les soldats romains furent contraints de passer sous un joug.

En voir de toutes les couleurs : subir toutes sortes de choses désagréables.
*Jérôme est en pleine crise d'adolescence, il en fait **voir de toutes les couleurs** à ses parents.*

LA SURPRISE, L'ÉTONNEMENT

Ça me (te, lui, etc.) la coupe (familier) : étonner, stupéfier.
*Je n'aurais jamais cru que Gérard puisse séduire Astrid. Et pourtant, elle est devenue folle amoureuse de lui. **Ça me la coupe**.*

Variante : **couper le sifflet à quelqu'un** (stupéfier jusqu'à réduire au silence).

Des yeux en boules de loto : des yeux ronds, étonnés.
Je crois qu'il ne s'attendait pas à cette nouvelle. Quand je lui en ai parlé, il m'a regardé avec des yeux en boules de loto.

En boucher un coin (familier) : étonner.
Martine quitte la France et va vivre au Japon ? Je ne m'y attendais pas. Ça m'en bouche un coin.

Tomber des nues : être très étonné par une chose à laquelle on ne s'attendait pas du tout.
Vincent est devenu médecin ? Alors là, je tombe des nues ! C'était le plus mauvais élève de l'école primaire !

Le mot « nues » est assimilé à « nuages ».

Première nouvelle ! : indique la surprise d'une nouvelle que l'on vient d'apprendre.
Tu ne savais pas que Pascal était mon cousin ? – Première nouvelle !

Ne pas en croire ses yeux : être très étonné de ce que l'on voit.
Les ouvriers ont repeint toute la maison en une journée ! Je n'en crois pas mes yeux.

Ne pas en revenir : être extrêmement étonné.
La tempête a cassé tous les arbres du parc, je n'en reviens pas.

Avoir le souffle coupé : être très étonné, impressionné.
Ophélie a changé de look. Quand je l'ai vue si belle, j'en ai eu le souffle coupé.

En mettre plein la vue à quelqu'un (familier) : montrer quelque chose à quelqu'un dans le but de l'étonner, de l'impressionner.
Clara a fait un exposé très brillant sur la peinture française du 19ᵉ siècle ; elle en a mis plein la vue au jury.

En être (En rester) baba (familier) : rester stupéfait.
Quand il m'a annoncé qu'il allait se marier, j'en suis resté baba.

Faire un effet bœuf : produire un grand effet, un effet surprenant.
Claude a peint en noir les murs de son appartement. Ça fait un effet bœuf !

Les bras m'en tombent : je suis stupéfait.
Je n'aurais jamais cru que tu aies pu faire cela. Les bras m'en tombent.

Tomber sur le cul (populaire) : être très étonné.
*La nouvelle était si extraordinaire qu'on en est tous **tombés sur le cul**.*

Variante : **en rester sur le cul.**

En être (En rester) comme deux ronds de flan (familier) : être stupéfait, ébahi.
*Quand sa femme lui a dit qu'ils avaient gagné un million d'euros au loto, il **en est resté comme deux ronds de flan**.*

LA TRISTESSE

Avoir du vague à l'âme : se sentir un peu triste, mélancolique.
*Non, ce soir je n'ai pas envie de sortir. **J'ai du vague à l'âme**.*

C'est pas la joie (familier) : c'est triste.
*En ce moment, au travail, on ne parle que des futurs licenciements, **c'est pas la joie**.*

Serrer le cœur : rendre triste, angoissé.
*Ça me **serre le cœur** de voir tous ses pauvres gens sans abri qui mendient dans la rue.*

Avoir le cœur gros (lourd) : être triste.
*La petite Aurélie s'est fait gronder à l'école. Elle **a le cœur gros**, elle pleure.*

Avoir (Faire) une tête d'enterrement : un visage triste.
*Karin vient d'apprendre qu'elle n'était pas qualifiée pour le poste. Depuis ce matin, elle **fait une tête d'enterrement**.*

En avoir gros sur le cœur : avoir du chagrin.
*Manon est amoureuse d'Hector mais ce matin, elle l'a vu embrasser Amélie. Elle **en a gros sur le cœur**.*

Variante familière : **en avoir gros sur la patate.**

Être malheureux comme une pierre (des pierres, les pierres) : être très malheureux.
*À cause de la guerre et de la famine, des peuples **sont malheureux comme les pierres**.*

Pleurer comme une Madeleine : pleurer beaucoup.
*La fin du film était tellement triste que j'**ai pleuré comme une Madeleine**.*

En référence à Marie-Madeleine qui avait péché et, repentie, qui pleurait sur les pieds du Christ.

Pleurer toutes les larmes de son corps : pleurer abondamment.
*Quand la petite fille a vu le méchant chasseur tuer la maman de Bambi, elle **a pleuré toutes les larmes de son corps** devant le poste de télévision.*

LES RELATIONS EN GÉNÉRAL

▸ Les contacts

Être en bons (mauvais) termes avec quelqu'un : avoir de bonnes (mauvaises) relations avec quelqu'un.
*Tu connais tes voisins ? – Oui et nous **sommes en très bons termes**.*

Faire partie des meubles : se dit d'une personne qui appartient depuis longtemps à un groupe.
*Il y a longtemps que Sylvia travaille à la cantine ? – Des années ! On peut dire qu'**elle fait partie des meubles**.*

Tomber nez à nez (avec quelqu'un) : rencontrer quelqu'un par hasard.
*Figure-toi que ce matin je **suis tombée nez à nez** avec ton ex.*

Serrer la pince à quelqu'un (familier) : serrer la main à quelqu'un.
*Le ministre est sorti de la voiture et il **a serré la pince à quelques passants**.*

En serrer cinq à quelqu'un : donner une poignée de main (les cinq doigts).
*Avant de commencer le match, les capitaines des deux équipes **s'en serrent cinq**.*

Ne pas avoir la gale (familier) : Être fréquentable (ne pas être malade ni contagieux).
*Tu pourrais me serrer la main, je **n'ai pas la gale**.*

Se casser le nez : arriver chez quelqu'un (ou quelque part) et ne trouver personne.
*Annabelle m'avait dit de passer à 13 h et j'y suis allée mais je **me suis cassé le nez**.*

Serrer la pince à quelqu'un

Perdre quelqu'un de vue : perdre le contact avec quelqu'un.
*J'**avais perdu** Laurence **de vue** mais on s'est retrouvés par hasard en ville.*

Couper les ponts avec quelqu'un : couper tout contact avec quelqu'un.
*Charlotte était trop intrusive dans ma vie alors j'**ai coupé les ponts avec elle**.*

Refaire surface : réapparaître après avoir été absent un certain temps.
*Jean-Paul **a refait surface** en cours. Il n'était pas venu depuis un mois.*

▸ **L'absence de contacts**

Faire cavalier seul : agir seul, isolément.
*Thomas déteste travailler en équipe, il préfère **faire cavalier seul**.*

S'enfermer dans son cocon : s'isoler, se retirer.
*Depuis que sa copine l'a quitté, il ne voit plus personne. Il **s'est enfermé dans son cocon**.*

Rentrer dans sa coquille : se replier sur soi-même.
*Cet élève est très timide. Dès qu'on lui pose une question, il **rentre dans sa coquille**.*

Rester (Vivre, etc.) en vase clos : sans contact avec l'extérieur.
*Chris vivait avec sa famille **en vase clos** dans un petit village perdu au milieu du désert australien.*

Faire le vide autour de soi : faire en sorte de ne plus avoir personne autour de soi.
*Pierrick est entré dans une communauté étrange. Depuis, il **a fait le vide autour de lui**.*

Faire le désert autour de soi : faire fuir tout le monde.
*Hélène médit de tout le monde, plus personne ne veut la fréquenter, elle **a fait le désert autour d'elle**.*

ACCEPTER / REFUSER

▸ Accepter

Ne pas dire non : accepter.
*Quitter Paris et aller vivre à New York ? Je **ne dirais pas non**.*

Dire amen : accepter facilement.
*Il est toujours d'accord, il **dit amen** à tout.*

▸ Accepter difficilement

Accepter du bout des lèvres : accepter avec réticence.
*Loïc n'était pas d'accord, mais il a fini par accepter la proposition **du bout des lèvres**.*

Rester en travers de la gorge à quelqu'un : être difficile à accepter.
*Samuel n'a pas eu sa prime de Noël pour « raisons économiques ». Ça **lui reste en travers de la gorge**.*

Avaler des couleuvres : accepter des choses difficiles sans pouvoir se plaindre.
*On lui a réduit son salaire et on l'a muté en province. Mais pour garder son poste, il est prêt à **avaler des couleuvres**.*

Avoir quelque chose sur le cœur : ne pas accepter quelque chose.
*Le professeur a critiqué mon travail et s'est moqué de moi en public. Je vais l'**avoir sur le cœur** pendant longtemps.*

▶ **Refuser, renoncer**

Préférer se couper la main plutôt que de (+ infinitif) : refuser totalement de faire quelque chose.
Je préférerais me couper la main plutôt que de lui pardonner ce qu'il m'a fait.

Tu peux toujours te gratter (te brosser) (familier) : refuser quelque chose à quelqu'un, lui dire de ne pas espérer.
Si tu penses que je vais te prêter ma nouvelle voiture, tu peux toujours te gratter !

Être revenu de quelque chose : avoir fait une expérience qu'on refuse de refaire.
Partir au ski à Noël avec tous les enfants et le matériel, j'en suis revenu.

Avoir un bandeau sur les yeux : refuser d'admettre la réalité.
Stéphane devrait comprendre que Fabienne lui préfère Antoine. Il a un bandeau sur les yeux ou quoi ?

Se voiler la face : refuser de voir ce qui est indigne.
Il y a de plus en plus de sans-abri dans la ville, mais la municipalité se voile la face.

Cracher dans la soupe : refuser, mépriser une bonne chose.
Ses parents lui ont offert un studio en ville et Perrine crache dans la soupe, elle le trouve trop petit.

Faire la fine bouche : faire le difficile.
Tu as tort de faire la fine bouche et de refuser ce poste. Le travail est intéressant et le salaire confortable.

Tirer un trait sur quelque chose (quelqu'un) : renoncer.
Michel a tiré un trait sur les sorties entre copains.

Faire une croix sur quelque chose : renoncer définitivement.
Puisque vous refusez de prendre en compte mes demandes, vous pouvez faire une croix sur ma contribution à ce projet.

Agir, entreprendre

▶ **S'engager, être dans l'action**

Être (Se mettre) dans le bain : être, s'engager dans une action.
Je sais que je devrais commencer les révisions pour l'examen, mais je n'arrive pas à me mettre dans le bain.

Se jeter à l'eau : se décider brusquement, se lancer dans une entreprise.
Après bien des hésitations, Richard s'est jeté à l'eau et a fondé sa propre société.

Monter au créneau : s'engager personnellement dans une action, une lutte.
Les étudiants ont choisi Samuel comme délégué. C'est lui qui est monté au créneau pour défendre leur position.

Entrer (Rentrer) dans la danse : entrer en action.
La grève des fonctionnaires n'était pas très suivie avant que le syndicat majoritaire rentre dans la danse.

Avoir quelque chose sur le feu : avoir quelque chose en préparation.
Tu as quelque chose sur le feu en ce moment ? – Oui, j'ai commencé à écrire un nouveau roman.

Monter au créneau

C'est parti, mon kiki (familier) : pour indiquer que quelque chose a démarré, dans la bonne humeur.
Tout le monde est en voiture ? Les portes sont bien fermées ? C'est parti, mon kiki !

C'est dans les tuyaux : se dit d'une chose, une affaire qui est engagée.
Où en est ta demande d'inscription à l'École du Louvre ? – C'est dans les tuyaux.

Avoir le pied à l'étrier : être dans une bonne situation pour réussir, pour commencer une opération.
Il est bilingue français-allemand. Cela lui a mis le pied à l'étrier pour être envoyé par sa maison d'édition à la foire du livre de Francfort.

L'étrier est l'anneau métallique qui soutient le pied du cavalier.

Être dans la course : participer, faire partie de.
Après les premiers matchs, beaucoup de pays ont été éliminés. Mais aux quarts de finale, la France est toujours dans la course.

À l'inverse : **ne pas (ne plus) être dans la course** ou **être hors course**.

Être dans le coup : être concerné, participer.
Lucie et Audrey projettent de faire un blog sur Internet. Cindy aimerait bien être aussi dans le coup.

L'expression peut aussi signifier **être moderne, à la page**.

▸ Se désengager

Passer le flambeau : laisser le soin d'assurer, de poursuivre une action déjà commencée.
*J'ai fait ma partie, à toi de finir. Je te **passe le flambeau**.*

Passer la main (à quelqu'un) : transférer une activité (à quelqu'un).
*Alex arrête de travailler et il **passe la main à son fils** qui va reprendre l'entreprise familiale.*

En être pour ses frais : avoir travaillé pour rien, être déçu dans son attente.
*Étienne avait préparé un repas fin, mis le champagne au frais et allumé des bougies. Il **en a été pour ses frais** : Patricia lui a téléphoné pour lui dire qu'elle ne pourrait pas venir.*

Tirer son épingle du jeu : se dégager adroitement d'une situation difficile, délicate.
*Il a démissionné avant que le scandale n'éclate. Il a bien su **tirer son épingle du jeu**.*

Reprendre ses billes : se dégager d'une affaire.
*Je pensais investir dans ce projet mais j'ai changé d'avis. Je **reprends mes billes**.*

Mettre la clé sous la porte : déménager, partir, cesser une activité.
*La pizzeria ne marchait pas très bien, finalement les patrons **ont mis la clé sous la porte**.*

▸ Le déroulement de l'action

Être dans les limbes : dans un état encore très abstrait.
*Où en est ton projet d'acheter une maison de campagne ? – Il **est dans les limbes**.*

Prendre tournure : se dit d'une chose, un projet qui commence à se dessiner clairement.
*Ça avance ton mémoire ? – Oui, disons que ça commence à **prendre tournure**.*

Être en passe de (+ infinitif) : être sur le point de faire quelque chose.
*Le secrétaire d'État **est en passe de** devenir ministre.*

Prendre le train en marche : entrer dans un processus déjà commencé (réunion, film, etc.).
*J'étais en retard pour la réunion mais j'**ai pris le train en marche**.*

Mettre (Remettre, Être) sur les rails : sur la bonne voie pour le futur.
*Maintenant que Charles est accepté dans cette grande école, il **est sur les rails**.*

Faire avancer le schmilblick (familier) : faire avancer un processus, un raisonnement.
*On vient d'apprendre que le suspect du crime était au chômage. – C'est bien mais ça **ne fait pas avancer le schmilblick**.*

Le « Schmilblick » était un jeu télévisé dans lequel chaque question permettait de se rapprocher de la solution de l'énigme.

Faire boule de neige (C'est l'effet boule de neige) : entraîner des conséquences de plus en plus importantes.
Barbara a vendu les sacs à main qu'elle fabrique à plusieurs petits magasins de mode.
*Elle espère que cela **fera boule de neige** et qu'elle en vendra dans les grands magasins.*

Sauter le pas : faire une action importante qui marque une étape majeure.
*Stéphane vient de se marier ? – Oui, il vient de **sauter le pas**.*

Mettre à jour : actualiser
*Mon ordinateur **met** régulièrement et automatiquement **à jour** mes différents logiciels.*

Ne pas changer un iota : ne rien changer.
*Mon supérieur a envoyé mon rapport au directeur et il **n'a pas changé un iota**.*

Iota est la neuvième lettre de l'alphabet grec, la plus petite de toutes les lettres et qui correspond au i.

Remettre les pendules à l'heure : faire une mise au point avec d'autres personnes.
*Mes étudiants arrivent de plus en plus en retard en classe. Je vais **remettre les pendules à l'heure**.*

Rectifier le tir : changer de technique pour atteindre un objectif.
*Tu as menti à Catherine et elle est déçue. Tu devrais lui parler et **rectifier le tir**.*

Revoir sa copie : remanier un projet.
*Sous la pression des syndicats, le ministre de l'Éducation a dû **revoir sa copie**.*

Cette expression s'utilise surtout dans un contexte politique.

Repartir comme en quatorze : recommencer une nouvelle fois un processus.
*Tu as repris le travail ? – Oui, on **est (c'est) reparti comme en quatorze** !*

Quatorze fait référence à la guerre de 1914-1918.

Remettre les compteurs à zéro : recommencer quelque chose du début, repartir sur de nouvelles bases.
*Le professeur a décidé de **remettre les compteurs à zéro** en annulant les notes du dernier test qui étaient catastrophiques.*

Faire machine arrière : arrêter une action et revenir en arrière.
*Édouard était prêt à demander Gisèle en mariage mais au dernier moment, il **a fait machine arrière** et a décidé d'attendre encore quelque mois.*

Renverser la vapeur : changer complètement le déroulement d'une action, aller à l'opposé.
*Nous sommes allés trop loin en laissant notre fils faire tout ce qu'il veut. Il est temps de **renverser la vapeur**.*

Renvoyer (Remettre) quelque chose aux calendes grecques (recherché) : remettre quelque chose à un moment qui ne viendra jamais.
*La direction a encore **remis la question des augmentations aux calendes grecques**.*

Les calendes étaient les premiers jours de chaque mois chez les Romains. Les Grecs n'avaient pas de calendes, il est donc impossible de remettre quelque chose aux calendes grecques.

Être au point mort : stagner.
*Où en est ton projet de créer une association ? – **Au point mort**, j'attends des subventions de la mairie.*

C'est la dernière ligne droite : la dernière étape avant d'atteindre un objectif.
*Encore un mois et c'est le baccalauréat, **c'est la dernière ligne droite** pour réviser tous vos cours.*

Jouer sa dernière carte : tenter sa dernière chance.
*Les tribunaux français lui ont donné tort. Il est prêt à **jouer sa dernière carte** et à s'adresser à la Cour européenne de justice.*

Mettre (Donner) la dernière main à quelque chose : donner la touche finale à quelque chose.
*Je **donne la dernière main à** ce projet et je commence le prochain.*

▸ Les types d'actions et les manières d'agir
De gré ou de force : faire quelque chose volontairement ou contraint.
*Tu crois que ton fils va vouloir partir avec vous en vacances ? – Il n'a pas le choix, il n'a que quinze ans, il viendra avec nous **de gré ou de force**.*

Démarrer (Partir, etc.) au quart de tour : réagir instantanément.
*Ne parlez pas politique avec Norbert, il **démarre au quart de tour**.*

Foncer tête baissée sur (dans, vers, etc.) quelque chose : faire quelque chose rapidement et sans réfléchir.
Au lieu de foncer tête baissée dans le supermarché, réfléchis dans quel rayon tu dois aller.

Ne pas avoir les deux pieds dans le même sabot : être actif, prendre des initiatives.
Michèle a magnifiquement organisé toute seule le séminaire. On peut dire qu'elle n'a pas les deux pieds dans le même sabot.

Essuyer les plâtres : être le premier à faire une chose que personne n'a faite.
Tout le monde avait peur de faire un exposé. C'est Romain qui a essuyé les plâtres en passant le premier.

Faire quelque chose au pied levé : sans y être préparé, à la dernière minute.
Élise a remplacé au pied levé le professeur de mathématiques qui a eu un accident ce matin.

Faire quelque chose contre vents et marées : malgré tout et tout le monde.
Anatole a persisté contre vents et marées à défendre son cousin qui était accusé de crime.

Prendre en main quelque chose : s'occuper soi-même de quelque chose.
Le ministre n'a pas trouvé d'accord avec les syndicats alors le président a pris la situation en main.

Courir (Chasser) deux lièvres à la fois : avoir deux objectifs en même temps.
Nicolas voulait créer sa société et voyager en même temps. Il risque une désillusion s'il continue à courir deux lièvres à la fois.

Avoir plusieurs fers au feu : s'occuper de plusieurs affaires en même temps.
Norbert est très occupé, il a plusieurs fers au feu : il enseigne la littérature, il écrit un roman et il organise des ateliers d'écriture.

Ne pas pouvoir être à la fois au four et au moulin : ne pas pouvoir tout faire, ne pas pouvoir être partout en même temps.
Je ne peux pas repasser ta chemise maintenant, tu vois bien que je fais la vaisselle. Je ne peux pas être au four et au moulin.

Mettre la charrue avant les bœufs : commencer par la fin.
Ne commence pas à peindre les murs avant de les avoir lessivés. Ne mets pas la charrue avant les bœufs.

Faire quelque chose pour des prunes : faire quelque chose sans avoir de résultat ou de reconnaissance en retour.
Tu as oublié de téléphoner à Chantal qui t'a attendu deux heures dans le froid pour des prunes.

Prendre des gants : agir avec ménagement, ménager, éviter de choquer ou de fâcher.
J'ai pris des gants pour annoncer à mon patron que je démissionnais et allais travailler chez son concurrent.

Mettre le feu aux poudres : provoquer des réactions violentes, une catastrophe.
Le ministre a annoncé que les frais d'inscriptions à l'université seraient doublés. La nouvelle a mis le feu aux poudres et les étudiants sont descendus dans la rue.

Se donner en spectacle : attirer les regards de tout le monde en faisant quelque chose.
Allez Sabrina, une chanson ! – Non merci, je n'aime pas me donner en spectacle.

Scier la branche sur laquelle on est assis : compromettre sa position, agir contre ses propres intérêts.
Tu es trop gentil avec tes concurrents, tu scies la branche sur laquelle tu es assis.

Donner un coup de pied dans la fourmilière : déclencher volontairement une agitation inquiète.
La directrice est arrivée sans prévenir dans le bureau des secrétaires qui étaient en train de bavarder. Cette arrivée a donné un coup de pied dans la fourmilière.

Un coup de dé : une tentative, une entreprise hasardeuse.
Elle s'est présentée aux élections municipales dans une circonscription où elle n'était pas très connue. Elle a été élue et a eu de la chance car c'était un coup de dé.

S'embarquer sans biscuits (familier) : s'engager dans une affaire sans prendre de précautions.
Il est très imprudent, il s'est engagé à acheter cet appartement sans savoir si la banque lui accorderait un prêt. Il s'est embarqué sans biscuits.

AGIR FRANCHEMENT / CACHER

▸ La franchise

Annoncer la couleur : dire clairement ses intentions, ses décisions.
Mon frère a convoqué son fils et lui a annoncé la couleur : encore une mauvaise note et il sera privé de télévision pendant une semaine.

Appeler un chat un chat : parler très directement et très franchement.
Je vais vous parler directement et appeler un chat un chat : votre travail est nul.

Le cri du cœur : réaction spontanée et sincère.
Quand le professeur a proposé de faire une dictée, le cri du cœur des élèves a été de refuser unanimement.

Jouer cartes sur table : agir franchement, loyalement, s'expliquer ouvertement sans rien cacher.
*Il a été très honnête, il **a joué cartes sur table** avec moi.*

Jouer le jeu : respecter des règles établies, des accords.
*Nous avons décidé d'organiser une fête surprise pour l'anniversaire et tout le monde **a joué le jeu**.*

Abattre (Montrer) ses cartes : dévoiler ses intentions.
*Mon propriétaire a commencé à me parler de la hausse des prix et de l'inflation. Puis il **a abattu ses cartes** : j'acceptais une augmentation de loyer ou je quittais son studio.*

Variante : **montrer son jeu.**

Ne pas mâcher ses mots : dire franchement ce que l'on pense, être très direct.
*L'avocat **n'a pas mâché ses mots**, il a traité l'accusé de menteur.*

Dire à quelqu'un ses quatre vérités : dire à quelqu'un ce qu'on lui reproche.
*Élisa ne veut plus se laisser insulter par Mélanie. Elle a décidé de **lui dire ses quatre vérités**.*

Se parler entre quat'zyeux (familier) : se parler en privé, en face à face, franchement.
*Avec Aline, on était fâchés alors on **s'est parlé entre quat'zyeux** et on est réconciliés.*

▸ La dissimulation

Cacher son jeu : cacher ses intentions.
*Stéphane m'a avoué qu'il était amoureux de moi depuis des semaines. Je n'avais rien remarqué, il **a bien caché son jeu**.*

Il y a anguille sous roche : l'affaire n'est pas claire, il y a quelque chose de caché.
*Le directeur a promis qu'il n'y aurait pas de délocalisation. Mais il fait de fréquents voyages en Europe orientale. **Il y a anguille sous roche**.*

Ce n'est pas très catholique : ce n'est pas très net, c'est douteux.
*Florence a reçu une lettre qui lui promet que, si elle la recopie et l'envoie à dix personnes, elle obtiendra chance et bonheur. Elle se méfie, **ce n'est pas très catholique**.*

Tirer les ficelles : manipuler, être l'instigateur caché.
*Ce film policier est passionnant du début à la fin. Ce n'est que dans les cinq dernières minutes qu'on comprend qui **tire les ficelles**.*

Un cadavre dans le placard : une affaire peu avouable dans sa vie, son passé dont on ne veut pas parler.
*Ce politicien est très discret sur son passé. Il doit y avoir **un cadavre dans le placard**.*

Mettre (Tenir) quelque chose sous clé : enfermer, cacher quelque chose.
*Anne n'a pas envie que ses parents lisent son journal intime, elle **le met sous clé**.*

▸ **Le secret**
C'est un secret de polichinelle :
une chose que tout le monde sait.
*Ne le dis à personne mais Annie vient d'arriver à Paris. – Mais tu sais, **c'est un secret de polichinelle**.*

Le dessous des cartes : ce qu'on s'efforce de garder secret.
*Tu crois bien connaître la situation, mais tu ne connais pas **le dessous des cartes**.*

Être (Rester) muet comme une tombe : garder un secret.
*Tu promets de ne pas répéter mon secret ? – Je **serai muet comme une tombe**.*

C'est un secret de polichinelle

Vendre la mèche : révéler tout ou une partie d'un secret.
*La famille a organisé une soirée surprise pour l'anniversaire de papa mais il est arrivé tout souriant et pas du tout surpris. Quelqu'un **avait vendu la mèche**.*

Découvrir le pot aux roses : découvrir un secret.
*Jules et Léa prenaient toujours leur pause en même temps. Sylvie **a découvert le pot aux roses**, ils sortent ensemble.*

Aider
▸ **Aider, secourir**
Donner un coup de main à quelqu'un : aider quelqu'un.
*Je suis seul demain pour faire mon déménagement, tu ne pourrais pas venir **me donner un coup de main** ?*

Donner un coup de pouce à quelqu'un : aider quelqu'un, lui faciliter une action.
*Merci d'avoir trouvé un stage à ma fille dans ta société. – De rien, c'est normal de **donner un coup de pouce aux jeunes**.*

Faire une fleur à quelqu'un : accorder une faveur, un avantage à quelqu'un.
*Le professeur **a fait une fleur à l'étudiant** : il a noté son devoir sans prendre en compte les fautes d'orthographe.*

Mettre la main à la pâte : aider (pour une action manuelle).
*C'est toujours moi qui fais le ménage, tu pourrais **mettre la main à la pâte** de temps en temps !*

Mettre le pied à l'étrier à quelqu'un : aider quelqu'un à prendre un bon départ.
*André a engagé son fils dans son entreprise pour **lui mettre le pied à l'étrier**.*

Mâcher le travail à quelqu'un : tout préparer pour que quelqu'un n'ait presque plus rien à faire (parfois ironique).
*Mon assistante aura vite fait d'organiser le séminaire, je **lui ai mâché** tout **le travail**.*

Prêter main-forte (à quelqu'un) : aider quelqu'un dans une situation difficile.
*La police ne pouvait pas arrêter les manifestants alors l'armée est venue **lui prêter main-forte**.*

Faire la courte échelle à quelqu'un : Aider quelqu'un à s'élever en lui offrant comme point d'appui les mains puis les épaules.
*Pour passer par-dessus le mur et aller voler des prunes chez le voisin, les enfants **se sont fait la courte échelle**.*

Au sens figuré : aider quelqu'un à réussir.

Se tenir (Se serrer) les coudes : s'entraider.
*Dans cette famille, tout le monde est solidaire. Dès qu'il y a un problème, ils **se serrent** tous **les coudes**.*

Renvoyer l'ascenseur : rendre la pareille, répondre à un acte serviable par un acte de même nature.
*Didier a obtenu un contrat grâce à Alain. Il lui **a renvoyé l'ascenseur** en l'associant aux bénéfices.*

Tendre la (une) perche à quelqu'un : aider quelqu'un à se sortir d'une mauvaise situation ; dire quelque chose qui permet à quelqu'un de parler d'un sujet.
*Pendant la réunion, Jean-Louis **m'a tendu la perche** en évoquant la question des congés.*

On peut également **saisir la perche** que quelqu'un nous a tendue.

Enlever un poids à quelqu'un : soulager quelqu'un d'un problème.
*Merci mille fois, en me prêtant cette somme, tu **m'enlèves un poids** !*

Tirer une (belle) épine du pied de quelqu'un : délivrer quelqu'un d'une difficulté.
*Je te remercie de m'avoir aidé à faire ce travail. **Tu m'as tiré une épine du pied**.*

Ramasser quelqu'un à la petite cuillère (familier) : aider, secourir quelqu'un en triste état.
*Simon a appris cet après-midi qu'il n'était pas reçu au baccalauréat. Quand il est rentré chez lui, ses parents **l'ont ramassé à la petite cuillère.***

Devoir une fière chandelle à quelqu'un : devoir à quelqu'un une grande reconnaissance.
*Sans vous, je ne me serais pas aperçu de cette énorme erreur. Je **vous dois une fière chandelle.***

Avoir quelqu'un sur les bras : avoir quelqu'un à charge, entretenir quelqu'un.

Ramasser quelqu'un à la petite cuillère

*Paul ne peut pas se permettre de travailler à mi-temps, il **a** encore **deux enfants à sa charge.***

Se jeter au feu pour quelqu'un : être totalement dévoué, être prêt à tout faire pour quelqu'un.
*Pour ses infirmières, ce médecin est un dieu. Elles **se jetteraient au feu pour lui.***

Le verbe est généralement au conditionnel.

▸ Réconforter, soutenir, encourager
Faire chaud au cœur : réconforter.
*J'étais un peu déprimé, Caroline m'a téléphoné pour m'assurer de son soutien. Cela m'**a fait chaud au cœur.***

Réchauffer le cœur de quelqu'un : réconforter quelqu'un.
*Alors que tout le monde tournait le dos à Mathias et l'ignorait, Nadine est venue lui serrer la main. Cela **lui a réchauffé le cœur.***

Être de tout cœur avec quelqu'un : soutenir quelqu'un, prendre son parti, compatir.
*Brigitte est passée à la télévision pour annoncer qu'elle allait créer une association pour le droit des animaux. Des téléspectateurs lui ont écrit qu'ils **étaient de tout cœur avec elle.***

Prendre le parti de quelqu'un (ou infinitif) : choisir une option ou une attitude.
*Comme ses parents se disputaient, il **a pris le parti de sa mère.***
*Il **a pris le parti de ne rien dire.***

Donner du cœur au ventre : encourager.
*Tu sais que si nous terminons ce travail dans les temps, nous aurons une prime ? J'espère que cette nouvelle va te **donner du cœur au ventre**.*

▸ Protéger, défendre
Prendre quelqu'un sous son aile : protéger quelqu'un.
*Dans la classe, plus personne n'ose attaquer le petit nouveau depuis que Joël l'a **pris sous son aile**.*

Faire (Se faire, Être, Jouer) l'avocat du diable : celui qui défend une cause considérée comme mauvaise.
*La cause est indéfendable, mais je vais essayer. Je vais **me faire l'avocat du diable**.*

(Se) défendre bec et ongles : (se) défendre de toutes ses forces.
*Il ne s'est pas laissé faire. **Il s'est défendu bec et ongles**.*

Être aux petits soins pour quelqu'un : s'occuper de quelqu'un avec grande attention.
*Pendant que j'avais la grippe, mon mari **était aux petits soins pour moi**.*

AIMER / DÉTESTER
▸ L'amour, l'affection
Offrir (Donner) son cœur : aimer.
*Roméo **a offert son cœur** à Juliette.*

Avoir le coup de foudre : tomber amoureux immédiatement.
*Pendant ses vacances en Sardaigne, Béatrice **a eu le coup de foudre** pour un bel Italien.*

Avoir quelqu'un dans la peau (familier) : être éperdument amoureux de quelqu'un.
*Laurent n'arrive pas à oublier Julie qui l'a quitté, il **l'a** toujours **dans la peau**.*

Avoir ses têtes : préférer certaines personnes à d'autres.
*Le professeur de sport est gentil avec certains et pas avec d'autres, il **a ses têtes**.*

Sauter (Se jeter, Se pendre) au cou de quelqu'un : embrasser avec effusion.
*Pour son anniversaire, le petit garçon a reçu les rollers dont il rêvait. Pour les remercier, il **a sauté au cou de ses parents**.*

Un coup de cœur pour quelqu'un (quelque chose) : attirance vive et spontanée.
*Chez l'antiquaire, Jocelyne a eu **un coup de cœur pour un miroir**.*

▸ L'amitié
À bras ouverts : avec une grande cordialité.
*Je lui ai rendu visite pendant les vacances, il m'a reçu **à bras ouverts**.*

Vieille branche (familier) : terme d'affection pour un ami de longue date.
*Salut, **vieille branche** ! Qu'est-ce que tu deviens ?*

Avoir des atomes crochus : avoir entre deux personnes des ressemblances qui conduisent à la sympathie.
*Je m'entends bien avec elle. Nous **avons des atomes crochus**.*

Être copains comme cochons : être très amis.
*Théo et Max s'entendent magnifiquement, ils **sont copains comme cochons**.*

Être comme cul et chemise (familier) : être inséparables.
*Arnaud et François ne se quittent jamais, ils sont toujours ensemble. Ils **sont comme cul et chemise**.*

Être comme les doigts de la main : être très unis, très liés par l'amitié.
*Anne, Audrey, Lucie et Héloïse sont de grandes amies ; elles **sont comme les doigts de la main**.*

Variante : **Ce sont les deux doigts de la main.**

▸ **L'inimitié**

Battre froid à quelqu'un : être froid avec quelqu'un.
*Depuis que Vincent s'est moqué de Sylvie, elle **lui bat froid**.*

Être en froid avec quelqu'un : entretenir des relations moins cordiales.
*Depuis que sa collègue a refusé de l'aider, Lucie **est en froid avec elle**.*

Être en délicatesse avec quelqu'un (recherché) : ne pas avoir de bonnes relations avec quelqu'un.
*À la cantine, Heidi s'assoit toujours loin de William, elle **est en délicatesse avec lui**.*

Ne pas porter quelqu'un dans son cœur : ne pas avoir de sympathie pour quelqu'un.
*Ma concierge est antipathique, je **ne la porte pas dans mon cœur**.*

Se mettre quelqu'un à dos : se faire un adversaire, un ennemi de quelqu'un.
*Arthur avait promis d'épouser Gina. Il ne l'a pas fait et il **s'est mis ses trois frères à dos**.*

La brebis galeuse : personne indésirable dans un groupe.
*Personne ne veut faire équipe avec Jonathan. C'est **la brebis galeuse**.*

Comme une merde (vulgaire) : comme quelque chose ou quelqu'un de méprisable.
*Julien dit qu'Emma l'a laissé tomber **comme une merde**.*

Prendre quelqu'un en grippe : se montrer hostile à quelqu'un.
*Depuis que Romain est arrivé en retard à son travail, son supérieur **l'a pris en grippe** et lui donne trois fois plus de travail à faire qu'avant.*

▸ **La haine**

Ne pas pouvoir encadrer quelqu'un : ne pas pouvoir supporter quelqu'un.
*Philippe est bête et méchant, personne **ne peut l'encadrer** dans la classe.*

Ne pas (Ne plus) pouvoir voir quelqu'un : détester, ne pas (ne plus) supporter quelqu'un.
*Jasmine refuse de travailler en équipe avec Tom, elle **ne peut pas le voir**.*

Être la bête noire de quelqu'un : quelqu'un ou quelque chose qu'on déteste.
*Au bureau, Isabelle s'entend avec tout le monde sauf avec Martine. Elle ne peut pas la supporter, c'est **sa bête noire**.*

Avoir quelqu'un dans le nez (familier) : détester quelqu'un.
*Véronique a l'impression que sa supérieure **l'a dans le nez**.*

Ne pas pouvoir voir quelqu'un en peinture : détester quelqu'un.
*Michel est trop prétentieux et égoïste, **je ne peux pas le voir en peinture**.*

Ne pas pouvoir sentir quelqu'un : détester quelqu'un.
*Nolwenn **ne peut pas sentir sa belle-mère**.*

Sortir par les trous de nez (familier) : se dit de quelque chose que l'on ne supporte plus.
*Tous les deux jours, ils nous servent de la purée à la cantine, ça commence à me **sortir par les trous de nez**.*

ATTENDRE

Faire le pied de grue (Faire le poireau) : attendre en restant debout.
J'ai fait le pied de grue pendant une heure devant le restaurant et comme tu n'arrivais pas, je suis rentré chez moi.

La grue est un oiseau qui se tient debout sur une patte, l'autre patte repliée sous le corps.

Faire les cent pas : attendre impatiemment en marchant.
*William **a fait les cent pas** devant le cinéma en attendant Carine.*

Faire le pied de grue

Être (Rester) en souffrance : en attente d'être livré à son destinataire (lettre, colis, marchandise).
*Le colis que ses parents lui ont envoyé **est resté** deux semaines **en souffrance** à la poste.*

Sous le coude : en attente.
*Ce dossier n'est pas urgent. Mettez-le **sous le coude** et vous vous en occuperez demain.*

Attendre quelqu'un (quelque chose) de pied ferme : attendre avec détermination.
*Soyez prêts à l'heure, je passerai vous chercher à 8 heures. – On **t'attendra de pied ferme**.*

Voir venir : attendre de voir comment les choses évoluent avant d'agir.
*Pour l'instant, je ne veux pas investir mon argent. Je préfère **voir venir**.*

Prendre son mal en patience : attendre sans se plaindre, se montrer patient dans une situation difficile.
*Il faut **prendre ton mal en patience**, dans une semaine tu seras sorti de l'hôpital.*

Ronger son frein : contenir avec peine son impatience.
*Marianne vient d'envoyer le manuscrit de son premier roman à un éditeur. Elle **ronge son frein** en attendant la réponse du comité de lecture.*

Faire faux bond à quelqu'un : ne pas répondre à l'attente de quelqu'un, ne pas venir à un rendez-vous.
*J'attendais Marta pour qu'elle me traduise un texte espagnol mais elle n'est pas venue, elle **m'a fait faux bond**.*

Attendre le dégel : attendre sans rien faire.
*Il y a encore plein de travail à faire. Qu'est-ce que tu attends ? Tu **attends le dégel** ?*

Poser un lapin à quelqu'un : ne pas aller à un rendez-vous et faire attendre quelqu'un.
*Sylvie avait un rendez-vous au restaurant avec John qui **lui a posé un lapin**.*

Chercher / trouver

Chercher une aiguille dans une botte de foin : chercher quelque chose de presque introuvable.
*Comment peux-tu espérer retrouver ton fils dans cette foule d'adolescents qui sont tous habillés de la même façon ? C'est **chercher une aiguille dans une botte de foin**.*

Mettre le doigt sur quelque chose : trouver quelque chose (la solution, la difficulté, etc.).
*L'expert est venu vérifier la comptabilité du magasin et il **a** tout de suite **mis le doigt sur une erreur**.*

Mettre (Tomber) dans le mille : trouver, arriver exactement au but recherché.
*Adrien a acheté un sac à main pour sa mère et il **est tombé dans le mille**, c'est justement celui qu'elle voulait.*

Je vous (te) le donne en mille : Vous ne trouverez jamais la réponse.
*Devine ce que Roger a fait en rentrant à la maison ? **Je te le donne en mille**, il s'est assis devant l'ordinateur et il a joué pendant deux heures.*

COMMUNIQUER I : ÉCOUTER, PARLER

▸ **Écouter**

N'écouter que d'une oreille : ne pas être très attentif.
*Tu sais ce que le professeur vient de dire ? – Non, j'avoue que je **n'écoutais que d'une oreille**.*

Entrer par une oreille et sortir par l'autre (ironique et familier) : écouter et oublier aussitôt.
*Quand ses parents donnent des conseils à Luc, **ça rentre par une oreille et ça sort par l'autre**.*

Tendre (Dresser) l'oreille : prêter attention à un bruit ou une conversation.
*Au théâtre les acteurs parlaient très bas et il fallait **tendre l'oreille** pour les entendre.*

L'expression vient de l'action d'un animal, particulièrement le chien, qui dresse les oreilles quand il entend un bruit.

Être tout ouïe : écouter avec la plus grande attention.
*Écoute-moi bien Pauline, j'ai un secret à te dire. – Je suis **tout ouïe**.*

L'ouïe est l'un des cinq sens, celui qui permet d'entendre.

Boire les paroles de quelqu'un : écouter quelqu'un avec attention et admiration.
*Les étudiants **boivent les paroles de ce professeur** qui est le plus populaire de l'université.*

Avoir de l'oreille : savoir écouter de la musique.
*Dès les trois premières notes, Emmanuel a su reconnaître Chopin. Il **a de l'oreille**.*

▸ **Parler**

Parler à cœur ouvert : parler en toute franchise.
*Ils **se sont parlé à cœur ouvert** et ont réglé tous leurs malentendus.*

Avoir la langue bien pendue : être très bavard.
*À trois ans, Hélène **a déjà la langue bien pendue**.*

Dépenser sa salive : parler beaucoup.
*Lionel n'a pas envie de **dépenser sa salive** en parlant à des personnes qui ne l'écoutent pas.*

Ne pas avoir sa langue dans sa poche : avoir de la répartie, répondre vite et avec franchise.
*Le petit Arnaud a des problèmes avec ses professeurs car il **n'a pas sa langue dans sa poche**.*

Tourner sept fois sa langue dans sa bouche avant de parler : réfléchir avant de parler.
*Il faut **tourner sept fois sa langue dans sa bouche avant de parler**.*

Parler comme un livre : très bien, avec des mots bien choisis.
*C'est toujours très agréable de discuter avec Jean-Charles, **il parle comme un livre**.*

Être bavard comme une pie : parler sans cesse.
*Ma voisine m'a parlé pendant une heure, elle **est bavarde comme une pie**.*

En avoir plein la bouche (de quelqu'un, de quelque chose) : parler sans cesse de quelqu'un ou de quelque chose.
*Depuis qu'Anne a rencontré un acteur célèbre, elle **en a plein la bouche**.*

Hausser (Baisser) le diapason : hausser, baisser la voix.
*Pour se faire entendre des élèves qui bavardaient entre eux, le professeur a dû **hausser le diapason**.*

Faire la grosse voix : en s'adressant à des enfants, prendre un ton grave et menaçant.
*Dès que son père **fait la grosse voix**, le petit Théo obéit tout de suite.*

Faire (Dire) des messes basses : parler à l'oreille de quelqu'un en évitant que les autres entendent.
*Les deux copines n'arrêtent pas de **faire des messes basses** et ainsi elles se font des ennemies.*

Parler dans sa barbe : marmonner, ne pas s'exprimer distinctement.
*Je ne te comprends pas. Articule ! **Ne parle pas dans ta barbe**.*

La bouche en cul de poule (familier) : bouche qui s'arrondit et se resserre en faisant une petite moue.
*Elle est très snob. Elle parle toujours **la bouche en cul de poule**.*

De bouche à oreille : de façon non officielle, des rumeurs ou des confidences.
*La nouvelle a vite fait le tour du quartier, **de bouche à oreille**.*

Avoir droit au chapitre : être consulté, avoir le droit d'exprimer son opinion.
*Laissez monsieur Durand s'exprimer. Son avis nous intéresse, il **a droit au chapitre**.*

Avoir le verbe haut : parler très fort.
*La vendeuse de poisson **a le verbe haut** mais elle est très sympathique.*

Tenir la jambe à quelqu'un : retenir quelqu'un en lui parlant.
*Excuse-moi si je suis en retard mais ma voisine **m'a tenu la jambe** pendant une demi-heure.*

Parler (Prêcher) dans le désert : parler sans être écouté.
*Les experts ont beau mettre en garde les gouvernements contre le retour de certaines maladies, c'est comme s'ils **prêchaient dans le désert**.*

Parler dans le vide : parler à quelqu'un qui n'écoute pas ce que l'on dit.
*Carole est si déprimée que j'ai l'impression de **parler dans le vide** quand je m'adresse à elle.*

Parler à tort et à travers : parler sans réfléchir, dire des choses dont on n'est pas sûr.
*Ne croyez pas tout ce que dit la coiffeuse, elle **parle** souvent **à tort et à travers**.*

Parler français comme une vache espagnole : parler très mal français.
*On a du mal à comprendre Andrea. Il **parle français comme une vache espagnole**.*

Parler pour ne rien dire : ne rien dire de concret.
*La réunion a été inutile, pendant une heure le directeur **a parlé pour ne rien dire**.*

Parler à un sourd : parler à quelqu'un qui ne veut pas comprendre.
*Quand je dis à mon fils de faire ses devoirs, c'est comme si je **parlais à un sourd**.*

Répéter (Dire) quelque chose sur tous les tons : de toutes les façons possibles.
*Le contrôleur **a répété sur tous les tons** que le billet devait être composté mais le voyageur ne comprenait pas.*

Dire quelque chose à quelqu'un de vive voix : en face à face, oralement.
*Plutôt que de m'envoyer un mail, elle a préféré me **dire la nouvelle de vive voix**.*

Tenir sa langue : garder un secret, ne pas le révéler.
*Ne dites rien à Élodie, elle ne sait pas **tenir sa langue**.*

Crier (Hurler, Gueuler [familier], etc.) comme un putois : crier violemment.
*Ma voiture a seulement frôlé la sienne et l'automobiliste **criait comme un putois**.*

Mettre un bémol : baisser le ton, être moins agressif.
*Ce n'est pas parce que tu cries que les choses vont s'arranger. **Mets un bémol**.*

▸ **Bavarder, discuter**

Discuter le coup : discuter de choses et d'autres.
*Je vais souvent dans ce petit café, je parle de tout et de rien avec les autres clients qui adorent **discuter le coup**.*

Discuter le bout de gras (familier) : discuter de choses et d'autres.
*Après le travail, Serge aime aller au café **discuter le bout de gras** avec ses collègues.*

Tailler une bavette (familier) : bavarder.
*Tu as le temps ? On va prendre un café et **tailler une bavette**.*

Parler de la pluie et du beau temps : parler de choses sans importance.
*Tous les matins je salue ma voisine et on **parle de la pluie et du beau temps**.*

En raconter (conter) de belles (des vertes et des pas mûres, de toutes les couleurs) : raconter des histoires étonnantes.
*J'ai rencontré son ex. Elle m'en a **raconté** sur lui **des vertes et des pas mûres**.*

Parler boutique : parler de ses activités professionnelles.
*C'est une réunion entre amis, ce n'est pas un colloque. Arrêtez de **parler boutique**.*

Ouvrir son cœur : confier ses sentiments.
*Carole **a ouvert son cœur** : elle a avoué à Béatrice qu'elle était follement amoureuse de Luc.*

▸ **La conversation**

Entrer dans le vif du sujet : aborder directement le sujet principal sans préliminaires.
*Comme nous n'avons que vingt minutes d'entretien, nous allons **entrer dans le vif du sujet**.*

Mettre quelque chose (un sujet) sur le tapis : commencer à parler d'un sujet.
*Pendant le déjeuner, il vaut mieux ne pas **mettre une question politique sur le tapis**.*

Changer de disque : parler d'autre chose.
*Ça fait trois fois que tu racontes la même histoire. **Change de disque**.*

Revenir à ses moutons : revenir au sujet de la conversation.
*Après cette parenthèse historique, **revenons à nos moutons**.*

Parler à bâtons rompus (recherché) : discuter en changeant souvent de sujet.
*Nous avons bavardé de tout et de rien, nous **avons parlé à bâtons rompus**.*

Sauter du coq à l'âne : sauter d'un sujet à un autre, sans rapport entre les deux.
*C'est difficile d'avoir une conversation suivie avec Julien. Il te parle de politique et cinq minutes après de médecine chinoise. Il **saute** continuellement **du coq à l'âne**.*

Tenir le crachoir (familier) : parler longtemps sans laisser les autres placer un mot.
*Personne n'a la possibilité de s'exprimer quand Victor est présent. C'est toujours lui qui **tient le crachoir**.*

Enfourcher son dada : revenir à son sujet préféré.
*Raymond est passionné d'alpinisme. S'il en a l'occasion, il **enfourche son dada** et assomme tout le monde avec ses récits d'escalades.*

Le dada, dans le langage enfantin, est un cheval.

Le cheval de bataille : sujet favori, argument sur lequel on revient sans cesse.
*Le professeur de littérature française parle souvent du Nouveau Roman, c'est son **cheval de bataille**.*

Mettre son grain de sel : s'immiscer dans une conversation.
*J'étais en train de parler avec Julie et Charlotte est encore venue **mettre son grain de sel** !*

Ne pas avoir sonné quelqu'un (familier) : pour rejeter une personne qui se mêle à la conversation.
*Caroline, je peux dire ce que j'en pense ? – On **t'a pas sonné**, toi !*

Ne pas pouvoir en placer une : ne pas pouvoir interrompre quelqu'un qui parle.
*Avec ma tante Lucie, on **ne peut pas en placer une**, elle parle sans arrêt.*

Vider son sac (familier) : dire ce que l'on ne voulait pas dire auparavant.
*Je vois bien que tu es fâchée contre moi, Clara, alors vas-y, **vide ton sac**.*

J'en passe et des meilleures (familier) : pour dire qu'on ne va pas énumérer une longue liste de choses négatives.
*Patrick m'a dit que j'étais égoïste, que je lui parlais mal, que je m'occupais mal des enfants, **j'en passe et des meilleures**.*

Mettre les pieds dans le plat : parler d'un sujet tabou.
*Carine **a mis les pieds dans le plat** en parlant de son intention de divorcer.*

Le pape ! (familier) : lorsque l'on ne veut pas nommer la personne (parce que c'est évident ou pour irriter l'interlocuteur dans une situation de conflit).
*Qui vient de t'appeler au téléphone ? – **Le pape !***

Le pape !

Tenir tête à quelqu'un : répondre, argumenter, ne pas se laisser écraser par quelqu'un.
*Emmanuel n'a pas peur des caïds de l'école, il **leur tient tête**.*

Un dialogue de sourds : une discussion dans laquelle personne n'écoute l'autre.
*Les politiciens ont souvent **des dialogues de sourds**.*

Doucement les basses ! (familier) : du calme.
*Calmez-vous ! Ne parlez pas tous en même temps. **Doucement les basses** !*

Jeter un pavé dans la mare : dire quelque chose qui entraîne des conséquences désagréables.
*Pendant l'interview télévisée, l'acteur a parlé du problème des intermittents du spectacle, c'était **un pavé dans la mare**.*

Réveiller les vieux démons : évoquer des choses anciennes et pénibles.
*La conversation est tombée sur la guerre d'Algérie à laquelle mes oncles ont participé. Cela **a réveillé les vieux démons**.*

Tourner autour du pot : évoquer vaguement un sujet sans le nommer précisément.
*Arrête de **tourner autour du pot** et dis-moi franchement ce que tu veux !*

Crier quelque chose sur (tous) les toits : répéter quelque chose à tout le monde.
*Ne le dis pas à Corinne car elle va encore **le crier sur tous les toits**.*

Les murs ont des oreilles : se dit quand une conversation secrète peut être écoutée autour de soi.
*Je vais te raconter ce que Kévin m'a annoncé. – Fais attention, **les murs ont des oreilles**.*

Les oreilles ont dû vous (te) siffler : se dit à quelqu'un dont on a parlé quand il n'était pas là.
*Avec tes parents, on a beaucoup parlé de toi, **les oreilles ont dû te siffler**.*

COMMUNIQUER II : ARGUMENTER

▸ Affirmer
Ficher son billet que (familier) : assurer avec force.
*Ça ne se passera pas comme ça. Je vous **fiche mon billet que** vous allez vous en repentir.*

En mettre sa main à couper (au feu) : affirmer avec fermeté.
*Zoé et Charlie sont amoureux, j'**en mettrais ma main au feu**.*

L'expression s'utilise généralement au conditionnel présent.

Jurer ses grands dieux : affirmer solennellement.
*L'accusé **a juré ses grands dieux** qu'il n'était pas coupable mais le jury l'a condamné.*

En donner (mettre) sa tête (sa main) à couper : être absolument sûr.
*Si vous continuez comme ça, il est évident que vous courez à l'échec. **J'en donnerais ma tête à couper.***

Je veux bien être pendu si... : être absolument sûr de quelque chose.
Je veux bien être pendu si ce n'est pas Paul que j'ai aperçu là-bas avec cette blonde.

La tête sur le billot : être absolument certain de quelque chose.
*Karl n'a pas pu faire cela. J'en mettrais **ma tête sur le billot**.*

Le billot est le bloc de bois sur lequel on appuyait la tête d'un condamné à la décapitation.

Enfoncer le clou : insister, répéter pour persuader.
*La mère a interdit à ses enfants de sortir jouer avant qu'ils aient fini leurs devoirs. Et pour **enfoncer le clou**, elle a prévenu que celui qui n'obéirait pas serait privé de télé.*

▷ Répliquer

Renvoyer la balle à quelqu'un : répliquer.
*Quand André s'est moqué de la robe de Françoise, elle **lui a renvoyé la balle** en ironisant sur ses chaussettes rouges.*

Répondre du tac au tac : répondre presque simultanément à quelqu'un.
*Je lui ai demandé s'il était seul. Il m'**a répondu du tac au tac** qu'il était avec moi.*

Prendre le contre-pied : faire, soutenir le contraire.
*Il n'est jamais d'accord avec elle. Quoi qu'elle dise ou qu'elle fasse, il **prend** systématiquement **le contre-pied**.*

Couper la parole à quelqu'un : interrompre quelqu'un qui parle.
*Pendant votre entretien, **ne coupez pas la parole à votre interlocuteur**.*

Couper la chique à quelqu'un (familier) : interrompre brutalement, réduire quelqu'un au silence.
*Au café, Alain s'est vanté d'avoir triché à l'examen. Quand il s'est aperçu que son professeur était assis derrière lui, ça **lui a coupé la chique**.*

River son clou à quelqu'un : réduire quelqu'un au silence par une critique, une réponse.
*Le maire croyait avoir convaincu le conseil municipal mais l'intervention de son adversaire **lui a rivé son clou**.*

Rabaisser (Rabattre) le caquet à quelqu'un : obliger quelqu'un à se taire, le remettre à sa place.
Il est insupportable avec ses vantardises. **Rabats-lui le caquet.**

Le caquet est un bavardage indiscret.

Clouer le bec à quelqu'un : faire taire quelqu'un.
*Pierre a commencé à critiquer Raoul, mais ce dernier **lui a vite cloué le bec**.*

COMMUNIQUER III : EXPLIQUER, COMPRENDRE

▸ Expliquer

Éclairer la lanterne de quelqu'un : lui donner des explications sur un sujet précis.
*Tu ne sais pas télécharger de la musique sur Internet ? Attends, je vais **éclairer ta lanterne**.*

À la lumière de : grâce à (pour une explication, des informations).
À la lumière des *informations que l'avocat m'a données, je me sens rassurée sur la suite de l'affaire.*

Faire (toute) la lumière sur quelque chose : informer de tout ce qui était inconnu d'une chose, d'une affaire.
*Les dirigeants **feront** bientôt **toute la lumière sur** l'explosion accidentelle dans l'usine.*

Connaître le fin mot de l'histoire : l'explication d'une histoire.
*La police va publier les résultats de l'enquête ; on va enfin **connaître le fin mot de l'histoire**.*

Mettre les points sur les i : expliquer quelque chose en insistant particulièrement, avec une idée de menace ou de conflit.
*Des étudiants ne respectent pas le règlement de l'école, je vais devoir leur **mettre les points sur les i**.*

Ouvrir les yeux à quelqu'un sur quelque chose : faire comprendre, mettre quelqu'un face à la réalité de quelque chose.
*Son banquier **lui a ouvert les yeux sur la gravité** de sa situation financière.*

Mettre le doigt sur (dans) la plaie : indiquer exactement la raison d'une situation douloureuse.
*En parlant à Alice de son ex-petit ami, tu **as mis le doigt sur la plaie**.*

▸ La compréhension

Recevoir quelqu'un cinq sur cinq : comprendre parfaitement.
*Tout est clair, inutile de répéter, je **te reçois cinq sur cinq**.*

Toucher du doigt quelque chose : faire comprendre, voir clairement.
*Le film projeté en classe a fait **toucher du doigt** aux élèves **le danger** de la drogue.*

Être dur (Être long) à la détente : lent à comprendre, à réagir.
*Lorsqu'on raconte une blague, Rémy rit toujours quelques minutes après les autres. Il **est long** **à la détente.***

Prendre quelque chose au pied de la lettre : comprendre au premier sens du mot ou de la phrase.
*Dans sa lettre, Monique dit qu'elle me déteste mais je ne **le prends** pas **au pied de la let-** **tre** car je sais qu'elle m'aime.*

Démêler (Débrouiller, Dévider) l'écheveau : rendre claire une affaire confuse.
*Il a fallu beaucoup de temps pour **démêler l'écheveau** tant l'affaire était mystérieuse, mais le détective y est parvenu.*

L'écheveau est un assemblage de fils.

Faire tilt : se dit quand on vient juste de comprendre quelque chose.
*Quand j'ai vu mon frère chez moi ; ça **a fait tilt**, il y avait une fête surprise pour moi.*

Les écailles lui tombent des yeux : Il (elle) comprend enfin, il (elle) perçoit enfin la vérité.
*Il a fallu qu'il reçoive une lettre anonyme lui disant que sa femme le trompait pour que **les** **écailles lui tombent des yeux.***

▸ L'incompréhension
C'est de l'hébreu (du chinois) : c'est incompréhensible (quelque chose qui est dit ou lu).
*L'avocat m'a donné un contrat à lire mais tout ce jargon juridique, pour moi, **c'est de** **l'hébreu.***

Faire un dessin : donner des explications supplémentaires (alors qu'on devrait avoir été compris).
*Il comprend très rapidement. Avec lui, pas la peine de **faire un dessin.***

Être dans le vague : ne pas bien comprendre une situation, ne pas avoir assez d'informations.
*Bernard n'a pas voulu m'en dire plus sur l'accident, je **suis dans le vague.***

Perdre les pédales : ne plus suivre une explication, un raisonnement.
*Au début du cours de maths, je comprenais mais après un moment, j'**ai** complètement **perdu les pédales.***

Perdre les pédales

Être (Nager) dans le cirage (en plein cirage) : se trouver en pleine confusion, ne plus rien comprendre.
Les directives de la direction sont complètement contradictoires. Je ne sais pas quelle attitude adopter, je nage en plein cirage.

Pédaler (Patiner) dans la choucroute (la semoule, le yaourt, etc.) (familier) : ne rien comprendre malgré des efforts.
Séverin a essayé de faire son exercice de latin mais il pédale dans la choucroute.

N'y piger que dalle (populaire) : ne rien comprendre.
Ton explication est incompréhensible, je n'y pige que dalle.

Être à côté de la plaque : se tromper complètement de sujet, ne rien comprendre.
J'ai cru que Philippe était amoureux de moi mais j'étais complètement à côté de la plaque, il ne s'intéressait qu'à mon argent.

Y perdre son latin : ne plus rien comprendre à quelque chose.
Les grévistes et le gouvernement ont trouvé un accord mais la grève continue demain ! J'y perds mon latin !

Être dans le noir (absolu, le plus) complet : ne rien comprendre à quelque chose.
Ce client ne veut plus travailler avec nous, tu sais pourquoi ? – Pas du tout, je suis dans le noir absolu.

LES CONFLITS I : LE DÉSACCORD ET LA LUTTE

▷ **Les formes de conflits**
Jeter (Relever) le gant : jeter, relever un défi.
Ivan m'a défié aux échecs. J'ai relevé le gant et j'ai perdu.

Attaquer bille en tête : attaquer avec audace.
Nicolas n'a peur de rien, il attaque toujours bille en tête.

Numéroter ses abattis : se préparer à un combat difficile ou perdu d'avance.
Tu veux jouer au poker avec Pierre qui est champion à ce jeu ? Numérote tes abattis.

L'expression est souvent utilisée à l'impératif comme menace ou comme avertissement.

À fleurets mouchetés (recherché) : sans s'engager à fond, avec précaution pour ne pas blesser l'adversaire (se dit d'une discussion, d'un débat).
Le débat n'était pas très intéressant. Les adversaires se sont ménagés et ont polémiqué à fleurets mouchetés.

Mettre le doigt entre l'arbre et l'écorce : se trouver pris entre deux forces contraires.
Pierre et Françoise vont divorcer. Je ne veux prendre parti ni pour l'un ni pour l'autre. Je n'ai pas envie de mettre le doigt entre l'arbre et l'écorce.

Croiser le fer : se battre à l'épée, et aussi se mesurer avec un adversaire.
À la télévision, deux sociologues ont croisé le fer. L'un défendait la discrimination positive, l'autre était violemment contre.

Couper ses effets à quelqu'un : l'empêcher de se mettre en valeur.
Le journaliste allait publier un scoop, mais un concurrent l'a devancé. Ça lui a coupé ses effets.

Cracher son venin : dire toutes les méchancetés que l'on pense.
J'ai laissé Marie cracher son venin et je suis partie sans lui répondre.

Frapper au-dessous de la ceinture : donner un coup bas, un coup déloyal.
Hervé s'est servi des confidences que lui avait faites Max pour le discréditer auprès de ses collègues. Méfie-toi d'Hervé, il frappe au-dessous de la ceinture.

Jouer un tour de cochon : jouer un très mauvais tour.
Il a été raconter à ma femme que je l'avais trompée. Depuis qu'il m'a joué ce tour de cochon, je ne lui parle plus.

▸ Protester
Faire du foin (familier) : faire du bruit, protester bruyamment.
Le propriétaire a décidé d'augmenter les loyers. Ça a fait du foin dans l'immeuble.

Une levée de boucliers : manifestation collective d'opposition.
La proposition du gouvernement a provoqué une levée de boucliers dans l'opposition.

Ruer dans les brancards : se révolter.
L'adolescent à qui ses parents ont interdit de sortir a rué dans les brancards.

▸ Négocier
Couper la poire en deux : transiger, faire un compromis.
Mon mari et moi voulons chacun aller chez nos parents pour Noël. On a coupé la poire en deux, on a passé le 24 décembre chez ses parents et le 25 chez les miens.

Nager entre deux eaux : ménager deux partis, éviter de s'engager.
Difficile de savoir quelles sont ses opinions politiques, il nage toujours entre deux eaux.

Ménager la chèvre et le chou : éviter de prendre parti de manière à ne mécontenter personne.
C'est un diplomate très habile. Il est apprécié par tous. Il sait merveilleusement ménager la chèvre et le chou.

Arrondir les angles : atténuer les oppositions, les causes de disputes.
*Le débat aurait pu se terminer en dispute. Heureusement, l'animateur a su **arrondir les angles**.*

Lâcher du lest : dans un conflit, faire des concessions.
*Ils ont puni leur fils pendant un mois mais ils viennent de **lâcher du lest** et l'ont autorisé à sortir ce soir avec ses amis.*

Mettre de l'eau dans son vin : modérer ses prétentions.
*Les adversaires ont fait des concessions. Ils **ont mis de l'eau dans leur vin** et sont arrivés à un accord.*

LES CONFLITS II : L'ATTAQUE ET LA VIOLENCE

▸ **Menacer**

La carotte et/ou le bâton : l'incitation et la menace.
*Si mon fils a une bonne note à l'école, je lui donne de l'argent. S'il a une mauvaise note, je le punis. Avec moi, c'est **la carotte et le bâton**.*

Montrer les dents : être menaçant.
*Carole a commencé à se moquer de Christophe, mais quand ce dernier **a montré les dents**, elle s'est tout de suite arrêtée.*

Montrer de quel bois on se chauffe : montrer ce dont on est capable.
*Je vais porter plainte contre vous. Je vais vous **montrer de quel bois je me chauffe**.*

Cette expression s'utilise en général dans des phrases de menace.

Tu (Vous, Il, etc.) me le paieras (familier) : je me vengerai de ce que tu m'as fait.
*Celui qui m'a volé mon scooter **me le paiera**.*

Tu auras (Il aura, Vous aurez,…) de mes nouvelles : annonce une menace.
*Si tu ne fais pas ce que je t'ai demandé, **tu auras de mes nouvelles** !*

Son compte est bon : il aura ce qu'il mérite.
*Steve a raté tous ses examens. **Son compte est bon**, il devra redoubler.*

Ne pas l'emporter au paradis : menacer quelqu'un d'une vengeance.
*Ma belle-mère a critiqué mon dîner toute la soirée, elle **ne l'emportera pas au paradis**.*

Ne rien perdre pour attendre : risquer une punition, une vengeance.
*Raphaël n'a pas voulu m'emmener à l'aéroport, il **ne perd rien pour attendre**.*

Il y a des coups de pied au cul qui se perdent (populaire) : quelqu'un mérite d'être puni.
Regarde ce type qui jette des papiers sur le trottoir. – Il y a des coups de pied au cul qui se perdent !

▸ Insulter
Dire les cinq lettres à quelqu'un : euphémisme pour « merde ».
Je me suis fâché avec mon voisin qui m'a dit les cinq lettres.

Traîner quelqu'un dans la boue : insulter ou calomnier quelqu'un.
La campagne électorale est féroce. Les candidats se traînent dans la boue.

Traiter quelqu'un de tous les noms : insulter quelqu'un.
Le cycliste a traité l'automobiliste de tous les noms car il lui a refusé la priorité.

Traiter quelqu'un comme un chien : sans respect, sans égards.
Je ne retournerai jamais dans cet hôtel, les patrons sont impolis, ils refusent de rendre le moindre service et traitent les clients comme des chiens.

Mettre quelqu'un plus bas que terre : humilier quelqu'un.
Son cousin l'a insultée devant toute la famille, il l'a mise plus bas que terre.

▸ Se battre, frapper, utiliser la violence
Se dresser (Monter) sur ses ergots : prendre une attitude agressive.
Il s'est dressé sur ses ergots et a répondu vertement à son contradicteur.

La main me démange : j'ai envie de donner une gifle.
Les enfants, arrêtez de faire du bruit et calmez-vous. Attention à vous, j'ai la main qui me démange.

Voler dans les plumes de quelqu'un : s'attaquer à quelqu'un pour le frapper (ou le disputer).
Quand Richard est rentré à six heures du matin, sa copine lui a volé dans les plumes.

Prendre quelqu'un à partie : s'attaquer à quelqu'un (surtout en paroles).
Les manifestants ont pris à partie les policiers qui étaient là pour maintenir l'ordre.

Se crêper le chignon : se battre, se disputer.
Au magasin, deux femmes se sont crêpé le chignon à propos d'un article qu'elles voulaient toutes les deux.

Se dit en général pour des femmes.

Secouer quelqu'un comme un prunier : secouer fortement.
*Alain était tellement furieux contre son frère qu'il **l'a secoué comme un prunier**.*

Botter le train à quelqu'un (familier) : lui donner des coups de pieds aux fesses.
*Hardy est toujours furieux contre Laurel et passe son temps à lui **botter le train**.*

En venir aux mains : finir par se battre après une dispute.
*Les deux automobilistes se sont insultés et ils en **sont** vite **venus aux mains**.*

Entrer (Rentrer) dans le chou de quelqu'un (familier) : attaquer, donner des coups.
*Après la collision, les deux automobilistes ont commencé à se disputer puis à s'insulter. Finalement ils se **sont rentrés dans le chou**.*

Variante : **rentrer dans le lard, rentrer dedans.**

Filer (Passer) une avoine à quelqu'un (familier) : battre quelqu'un.
*À la sortie de la discothèque, des jeunes **se sont filé des avoines**.*

Tanner le cuir à quelqu'un : battre quelqu'un.
*Le patron a promis à l'apprenti qu'il **lui tannerait le cuir** s'il cassait encore un outil.*

Mettre (Faire) la tête au carré à quelqu'un (familier) : battre violemment quelqu'un.
*Bertrand s'est fait agresser par Étienne. Il s'est défendu et **lui a mis la tête au carré**.*

Tomber à bras raccourcis sur quelqu'un : agresser, porter des coups violents.
*Hier Victor s'est fait agresser. Deux jeunes **sont tombés sur lui à bras raccourcis**.*

Un coup à assommer un bœuf : un coup très fort.
*Ce boxeur est imbattable, il porte **des coups à assommer un bœuf**.*

Un œil au beurre noir : œil entouré de bleu ou de noir à la suite d'un coup.
*Hier Richard s'est battu, aujourd'hui il a un **œil au beurre noir**.*

Envoyer (Mettre) quelqu'un au tapis : frapper quelqu'un et le faire tomber. Au sens figuré, anéantir quelqu'un (financièrement par exemple).
*Lors de la finale du tournoi d'échec, le champion russe **a envoyé son adversaire au tapis**.*

On peut aussi **être (aller) au tapis** : être mis au sol ou être anéanti.

Jouer du couteau : se battre au couteau.
Dans l'opéra Carmen, *on voit des femmes **jouer du couteau** dans la manufacture de tabac.*

Mettre à feu et à sang : détruire et tuer.
*L'ennemi avait promis de **mettre la ville à feu et à sang** si les habitants ne se rendaient pas.*

▸ Se venger
Avoir (Garder) une dent contre quelqu'un :
garder rancune à quelqu'un.
*Alors qu'il en avait vraiment besoin, sa
sœur a refusé de lui prêter de l'argent.
Depuis, il **a une dent contre elle**.*

**Garder à quelqu'un un chien de sa
chienne** : lui garder rancune et préparer une vengeance.
*Je n'oublierai pas le mauvais tour qu'il
m'a joué. Il jour, il le paiera, je **lui garde
un chien de ma chienne**.*

L'avoir dans l'os (familier) : avoir
une déception et ne rien pouvoir
y faire, parfois le résultat d'une
vengeance.

Avoir une dent contre quelqu'un

*Michel était sûr d'avoir le poste mais il **l'a eu dans l'os**, c'est moi qui ai été nommé.*

Rendre à quelqu'un la monnaie de sa pièce : se venger de quelqu'un.
*Yves m'a critiqué devant mes amis. Je **lui rendrai la monnaie de sa pièce**.*

Faire les pieds à quelqu'un : être une bonne leçon pour quelqu'un.
*Christophe a refusé de venir avec nous et maintenant il se plaint d'être seul ? **Ça lui fera les
pieds** !*

Une expression équivalente : **C'est bien fait pour lui** !

Attendre quelqu'un au tournant (au virage) : attendre le moment où une personne
va commettre une faute afin de se venger.
*Ma chef m'a pardonné cette erreur que j'ai commise hier mais maintenant elle **m'attend
au tournant**.*

Régler son compte à quelqu'un : se venger de quelqu'un, le punir par la violence,
éventuellement tuer.
*Julot a dénoncé son complice Albert à la police. Albert s'est promis de **lui régler son compte**.*

Lorsqu'on a réglé son compte à quelqu'un, cette personne **a son compte**.

Avoir la peau de quelqu'un (familier) : menacer quelqu'un, vouloir se venger.
Espèce de sale voleur, j'aurai ta peau !

Connaître, savoir

▸ **Connaître**

Connaître quelqu'un (quelque chose) par cœur : connaître très bien.
Alexandra sait exactement ce que son mari va dire, à quel moment il va le dire. Elle le connaît par cœur.

Connaître quelque chose comme sa poche : connaître très bien.
Jacques sera un bon guide, il connaît Paris comme sa poche.

Connaître quelqu'un comme si on l'avait fait : connaître très bien quelqu'un.
Je savais que tu allais réagir comme ça. Je te connais comme si je t'avais fait.

En connaître un rayon : bien connaître un domaine.
Demande à Joachim de t'aider pour ton exercice de maths, il en connaît un rayon.

Connaître (Savoir) sur le bout du doigt (des doigts) : parfaitement, par cœur.
La maman a fait réciter la leçon à son petit garçon jusqu'à ce qu'il la sache sur le bout du doigt.

Être connu comme le loup blanc : être très connu.
*Tu sais que Mathilde est venue à la soirée avec un certain Paul Delorme, tu le connais ?
– Mais bien sûr, il est connu comme le loup blanc dans la ville.*

Connaître la chanson : connaître la manière d'agir.
Tu veux encore m'emprunter de l'argent et tu me le rendras la semaine prochaine ? Je sais bien que je ne reverrai jamais cet argent, je connais la chanson.

Donner sa langue au chat : ne pas connaître une réponse et la demander.
Qui a chanté « La mer » ? – Je ne sais pas, je donne ma langue au chat.

Ne connaître ni d'Ève ni d'Adam : ne pas connaître du tout.
Je ne comprends pas pourquoi cet homme m'a fait un petit signe, je ne le connais ni d'Ève ni d'Adam.

Cette expression ne s'emploie qu'à la forme négative.

N'être jamais sorti de son trou : ne rien connaître.
Tu n'avais jamais vu de métro ? Tu n'es jamais sorti de ton trou !

‣ **Savoir**

Savoir ce que quelqu'un a dans le ventre : essayer de savoir ce que quelqu'un pense vraiment.
*La police l'a menacé de prison pour **savoir ce qu'il avait dans le ventre**.*

En avoir le cœur net : savoir, être éclairé sur un point.
*Je ne sais pas ce qui s'est passé exactement, mais je vais faire une enquête. J'**en aurai le cœur net**.*

Avoir la puce à l'oreille : se douter de quelque chose.
*En voyant André dans un tel état de déprime, j'**ai eu la puce à l'oreille** : la discussion avec sa copine s'était mal passée.*

On peut aussi **mettre la puce à l'oreille à quelqu'un** si on lui donne une information, un indice qui le fait se douter de quelque chose.

Voir quelqu'un arriver (venir) avec ses gros sabots : deviner l'intention d'une personne.
*Tu es vraiment une bonne cuisinière et j'adore tout ce que tu prépares. – Je **te vois venir avec tes gros sabots**, tu veux que je prépare le dîner.*

On n'utilise souvent que la première partie de l'expression : **Je te vois venir.**

CRITIQUER

Battre en brèche : critiquer, attaquer une activité, un argument, etc.
*Les arguments du doctorant **ont été battus en brèche** par le jury.*

Une **brèche** est une ouverture dans une fortification ou la percée d'une ligne fortifiée, d'un front…

Avoir la dent dure : critiquer durement.
*Le critique **a la dent dure**, il a complètement éreinté le film, les acteurs et le réalisateur.*

Tailler un costard à quelqu'un (familier) : dire du mal de quelqu'un.
*J'étais avec Pauline tout à l'heure. On a parlé de toi et elle **t'a taillé un costard**.*

Costard est le terme argotique pour « costume ».

Casser du sucre sur le dos de quelqu'un : dire du mal d'un absent.
*Arrêtez de **casser du sucre sur le dos de Jacqueline**. Elle n'est pas si méchante.*

Chercher la petite bête : trouver la petite faiblesse qui permet de déprécier quelqu'un ou quelque chose.
*Le dossier qu'a rendu cet étudiant est excellent. Il y a peut-être une ou deux fautes de frappe, mais il ne faut **pas chercher la petite bête**.*

Déchirer quelqu'un à belles dents : critiquer cruellement.
*Le politicien a avoué avoir menti. Les médias **l'ont déchiré à belles dents**.*

Descendre en flammes (flèches) : critiquer violemment.
*Le projet présenté par l'architecte n'a pas plu du tout à la commission. Il a été **descendu en flammes**.*

Tirer à boulets rouges sur quelqu'un : attaquer très violemment.
*La presse **a tiré à boulets rouges sur le gouvernement**.*

Tirer sur une (sur l') ambulance : accabler quelqu'un qui est déjà dans une situation désespérée.
*Il a perdu son travail, sa copine vient de le quitter, il vient de faire une tentative de suicide. Ce n'est pas le moment de lui faire des reproches, ce serait comme **tirer sur une ambulance**.*

DEMANDER / OBTENIR

Faire l'âne pour avoir du son : faire l'innocent pour obtenir un avantage.
*Ne **fais pas l'âne pour avoir du son**, tu n'obtiendras rien de moi.*

Le son est une céréale.

Travailler quelqu'un au corps : le solliciter de façon pressante, en insistant.
*Pendant un mois, Maxence **a travaillé son père au corps** pour qu'il lui achète une guitare électrique.*

Faire (tout) un cinéma : insister de façon exagérée pour obtenir quelque chose de quelqu'un d'autre.
*Ses enfants **ont fait tout un cinéma** pour qu'il les emmène au zoo.*

Ne pas voir la couleur de quelque chose : ne pas voir, ne pas obtenir quelque chose.
*La direction avait promis une prime de fin d'année mais les employés **n'en ont pas vu la couleur**.*

Il s'agit en général de la couleur de l'argent.

DONNER, ÉCHANGER

Donner de la confiture à un (à des, aux) cochon(s) : offrir quelque chose de beau à quelqu'un qui est incapable de l'apprécier.

Myriam a offert une anthologie de la poésie allemande à Sylvain qui est complètement fermé à la poésie. C'est **donner de la confiture à un cochon.**

(Une chose) s'appelle reviens (familier) : se dit pour exiger qu'on nous rende un objet prêté.

Tu me prêtes ta gomme, Arnaud ? – Oui mais elle **s'appelle reviens.**

Donner de la confiture aux cochons

Donner (Distribuer) quelque chose au compte-gouttes : donner, distribuer quelque chose avec parcimonie.

William est un entraîneur très sévère. Il fait rarement des compliments à ses joueurs. Quand il en fait, il **les distribue au compte-gouttes.**

Changer (Troquer) son cheval borgne pour un aveugle (contre un cheval aveugle) : faire une mauvaise affaire, perdre dans un échange.

Pierre a échangé son vieil ordinateur contre un autre qui est tombé en panne trois jours plus tard. Il **a troqué son cheval borgne contre un cheval aveugle.**

S'ENTENDRE / SE DISPUTER

▸ S'entendre bien / mal

S'entendre comme larrons en foire (familier) : très bien s'entendre et s'amuser.

Les deux petits cousins se sont retrouvés pendant les vacances et ils **s'entendent comme larrons en foire.**

Accorder ses violons : se mettre d'accord avec quelqu'un qui a des opinions différentes.

Régis me dit que tu étais au cinéma et toi tu me dis que tu étais au concert. **Accordez vos violons !**

Être (Se mettre) en cheville avec quelqu'un : deux personnes en association étroite.

Victor **s'est mis en cheville** *avec Alexandra pour ouvrir une boutique de vêtements sur la Côte d'Azur.*

C'est l'eau et le feu (C'est le feu et l'eau) : ce sont deux personnes ou deux choses complètement différentes, qui ne peuvent pas s'accorder.

Il n'aime que le sport, elle n'aime que la mode. Tous les deux, **c'est l'eau et le feu.**

95

Un autre son de cloche : une autre opinion.
*Joël m'a donné sa version de l'affaire, Francine m'a fait part de la sienne. C'est **un autre son de cloche**.*

Ne pas l'entendre de cette oreille : ne pas être d'accord.
*Fabrice veut acheter une nouvelle voiture mais sa femme **ne l'entend pas de cette oreille**.*

Faire sa mauvaise tête : se montrer désagréable, en désaccord.
*Allez Fabrice, **ne fais pas ta mauvaise tête** et viens t'amuser avec nous.*

Le torchon brûle : il y a un vif désaccord entre des personnes.
Le torchon brûle entre les présidents des deux pays voisins.

S'entendre (Être) comme chien et chat : s'entendre mal, se disputer continuellement.
*Charlotte et son petit frère ne s'entendent absolument pas, ils **sont comme chien et chat**.*

▶ Se disputer, se quereller
En vouloir à quelqu'un : reprocher quelque chose à quelqu'un.
*Gauthier **en veut à Jennifer** d'avoir oublié son anniversaire.*

Un brandon de discorde (recherché) : chose qui provoque une querelle, une dispute.
*Mes cousins ne votent pas pour le même parti. Entre eux, la politique est souvent **un brandon de discorde**.*

Il y a de l'eau dans le gaz : il va y avoir une querelle, une dispute.
*Il a oublié que c'était l'anniversaire de leur mariage et il est rentré tard après avoir fait la fête avec ses copains. Sa femme est furieuse, **il y a de l'eau dans le gaz**.*

Des querelles byzantines (recherché) : des querelles compliquées, interminables et sans intérêt.
*Ça fait des heures que vous discutez sur le sexe des anges. Arrêtez un peu ces **querelles byzantines**.*

Des querelles de clocher : des querelles locales, insignifiantes.
*Nous avons des choses importantes à faire. Ne perdons pas de temps avec ces **querelles de clocher**.*

Être remonté comme une pendule : être motivé et prêt pour une dispute ou un événement important.
*Tu crois que Christiane va pardonner à son copain ? – Non, elle **est remontée comme une pendule** contre lui.*

On dit aussi **être remonté à bloc**.

Une prise de bec (Se prendre le bec) : une dispute, se disputer.
Pendant les soldes, Kathy et Juliette voulaient toutes les deux la même robe. ***Elles se sont pris le bec.***

Semer (Foutre) la merde (vulgaire) : mettre la discorde, le désordre.
Les vacances se passaient bien mais Corinne ***a foutu la merde*** *dans le groupe.*

Chercher des crosses à quelqu'un (familier) : chercher des sujets de querelles.
Norbert est jaloux du succès de Clément. ***Il lui cherche des crosses*** *continuellement.*

Jeter de l'huile sur le feu : pousser à la dispute.
Paul et sa sœur sont fâchés pour une histoire d'héritage. Pendant la réunion de famille, le cousin Yvon est venu ***mettre de l'huile sur le feu*** *en évoquant encore cette histoire ancienne.*

Se bouffer le nez (populaire) : se disputer sans cesse.
Les deux voisins du 3ᵉ n'arrêtent pas de ***se bouffer le nez.***

Chercher des poux à quelqu'un (dans la tête de quelqu'un) : chercher à se disputer avec quelqu'un.
Depuis quelques jours, mon collègue est très désagréable. S'il continue à ***me chercher des poux dans la tête****, je vais me plaindre à la direction.*

Semer la zizanie (familier) : créer une dispute, une confusion.
En se montrant jaloux de sa sœur, Paul ***a semé la zizanie*** *dans toute la famille.*

C'est la soupe à la grimace : une situation de bouderie (en général dans un couple).
Enzo et Claire se sont disputés et depuis une semaine, ***c'est la soupe à la grimace.***

Faire la gueule (à quelqu'un) (familier) : bouder, ne plus parler pour montrer qu'on est fâché avec quelqu'un.
La femme de Paul ***a fait la gueule*** *pendant tout le dîner. – Je crois qu'elle* ***faisait la gueule à son mari*** *qui a discuté toute la soirée avec sa voisine de table.*

Piquer quelqu'un au vif : blesser quelqu'un à propos d'un sujet particulièrement sensible.
Anne ***a piqué Élisabeth au vif*** *en évoquant ses multiples échecs sentimentaux.*

(Quelqu'un) doit se retourner dans sa tombe : se dit quand des propos indigneraient une personne décédée si elle pouvait les entendre.
Les enfants sont fâchés à cause de l'héritage de leur tante. Elle ***doit se retourner dans sa tombe.***

Arrête ton char (familier) : ça suffit !
Tu racontes n'importe quoi. ***Arrête ton char !***

Variante : **Arrête ton char, Ben-Hur !**

Rompre les chiens : arrêter une discussion avant qu'elle ne se transforme en dispute.
*Je crois qu'il est temps de **rompre les chiens** avant que la réunion ne dégénère en querelle.*

Recoller les morceaux : réparer ce qui a été cassé, se réconcilier.
*Après s'être séparés, John et Sylvie essaient de **recoller les morceaux**.*

Fumer le calumet de la paix : se réconcilier.
*Pascal et Farida qui étaient fâchés depuis trois mois ont fini par **fumer le calumet de la paix**.*

EXAGÉRER

Forcer la note : exagérer.
*Cette année, les commerçants ont vraiment décoré les vitrines pour Noël, certains **ont** même un peu **forcé la note**.*

En faire des tonnes : avoir une attitude exagérée.

Fumer le calumet de la paix

*Antoine a essayé de convaincre qu'il était le meilleur candidat mais il **en a fait des tonnes** et je pense que cela a été mal perçu.*

En français familier, on peut **en faire des kilos** ou **des caisses**.

Mettre le paquet (familier) : faire le maximum, parfois exagérer.
*J'ai conseillé à Maryvonne de se maquiller mais là, elle **a mis le paquet** !*

Ne pas faire les choses à moitié : faire les choses au maximum, parfois avec exagération.
*Mélanie nous a invités chez elle et elle **n'a pas fait les choses à moitié** : caviar et champagne.*

En faire (toute) une maladie : exagérer un problème.
*Jérôme a perdu contre moi aux échecs et il **en a fait toute une maladie**.*

Faut pas pousser (familier) : il ne faut pas exagérer.
*L'électricien demande quatre cents euros pour sa réparation ! **Faut pas pousser** !*

Faire quelque chose comme un fou : exagérément, avec excès.
*S'il continue **à travailler comme un fou** sans prendre de repos, il va tomber malade.*

Être plus royaliste que le roi : avoir des idées plus extrêmes que celui qui les a inspirées.
Ce jeune politicien défend les idées de son parti avec force. Certains disent qu'il est plus royaliste que le roi.

Faire quelque chose à tire-larigot : trop fréquemment ou en quantité exagérée.
Pendant les fêtes, les enfants ont mangé des chocolats à tire-larigot.

Regarder (Voir) quelque chose par le petit bout de la lorgnette : ne voir quelque chose que sous un seul aspect que l'on exagère volontairement.
Chéri, si on faisait le voyage en amoureux à Venise que tu m'avais promis ? – Ah non, ça va coûter bien trop cher ! – Mais toi, tu regardes ça par le petit bout de la lorgnette, tu n'es pas très romantique !

Avoir la main lourde : donner en trop grande quantité.
Baptiste m'a servi de la glace à la vanille mais il a eu la main un peu lourde.

Pousser à la roue : inciter quelqu'un à faire quelque chose exagérément.
Je voulais juste une télévision et je suis ressortie du magasin avec un home cinéma. C'est la faute à mon mari qui pousse à la roue.

Crier (Hurler, Frapper, Cogner, etc.) comme un sourd : sans limite.
Ce n'est pas la peine de crier comme un sourd, je vous entends !

Faire des pieds et des mains : insister avec outrance.
Line a fait des pieds et des mains pour être invitée à notre soirée.

Lancer (Pousser) le bouchon un peu (trop) loin : exagérer, dépasser les limites.
Tu m'as demandé de t'aider à déménager. Je porte tous les paquets et toi, tu passes ton temps à téléphoner à ta copine. Tu ne crois pas que tu pousses le bouchon un peu trop loin ?

Tirer sur la corde : abuser d'un avantage, de la patience de quelqu'un.
Je t'ai déjà aidé à faire ton exposé. Tu voudrais maintenant que je fasse tes devoirs alors que j'ai des examens à préparer. Tu n'as pas l'impression que tu tires sur la corde ?

En faire (tout) un fromage (familier) : grossir exagérément l'importance de quelque chose.
Le président de la république a passé quelques jours de vacances sur le yacht d'un de ses amis. La presse en a fait tout un fromage.

Se faire tout un monde (Faire une montagne) de quelque chose : exagérer l'importance de quelque chose.
La présentation de Luc n'a pas été très applaudie et il s'en fait tout un monde.

Faire tout un plat de quelque chose : exagérer quelque chose, en parler trop.
*Marion s'est cassé un ongle et elle **en a fait tout un plat**.*

Vouloir le beurre et l'argent du beurre : exiger trop de choses en même temps.
*Virginie a arraché à ses parents la permission d'aller à un concert de musique techno et elle leur a demandé de lui payer sa place. Elle **veut le beurre et l'argent du beurre**.*

Se monter la tête : se faire des idées exagérées sur quelque chose.
*Deborah et sa sœur **se montent** un peu **la tête** sur la sévérité de leurs parents.*

On peut aussi **monter la tête à quelqu'un**.

Monter quelque chose en épingle : insister exagérément sur quelque chose.
*Ce que le député a fait n'était pas bien grave. Mais la presse **a monté cette affaire en épingle** et il a dû démissionner.*

C'est la goutte d'eau qui fait déborder le vase : le détail qui rend une situation insupportable.
*Je t'ai prêté cent euros le mois dernier, cent euros hier et aujourd'hui tu me demandes encore cent euros ? Alors là, **c'est la goutte d'eau qui fait déborder le vase** !*

Par-dessus le marché : en plus de tout cela.
*Mon collègue est absent, je dois faire son travail et **par-dessus le marché**, mon ordinateur est en panne !*

Une tempête dans un verre d'eau : beaucoup d'agitation pour rien.
*Sonia a fait toute une histoire de ses changements de bureau mais **c'est une tempête dans un verre d'eau**.*

C'est un peu fort de café : c'est exagéré, c'est invraisemblable.
*Le propriétaire veut augmenter mon loyer de 50 %. **C'est un peu fort de café**.*

Demander la lune (les nuages) : demander l'impossible.
*Comment ? Vous voulez une augmentation de 500 euros par mois ? Là, **vous me demandez la lune** !*

Ne pas y aller de main morte (Avoir la main lourde) : faire quelque chose avec violence ou exagérément.
*Pour se venger, Émilie a frappé sa copine et lui a arraché une poignée de cheveux ; elle **n'y est pas allée de main morte** !*

Vouloir en remontrer à son évêque : vouloir donner des leçons à quelqu'un qui en connaît beaucoup plus long.

Dans une soirée, Jules a contredit un convive à propos de l'Antiquité. Malheureusement, il a **voulu en remontrer à son évêque** *car l'autre enseigne l'histoire ancienne à la Sorbonne.*

FAIRE DES IDIOTIES, DES BÊTISES

Faire des siennes : faire des choses idiotes.
Rodolphe a été renvoyé de son lycée. – Je vois que ton fils a encore **fait des siennes**.

Faire le singe : faire des grimaces et des bêtises.
Lucas, arrête de **faire le singe**, *nous sommes dans un musée.*

Jouer au con (populaire) : faire l'imbécile, faire l'innocent, le naïf.
Pas la peine de **jouer au con** *avec moi, je sais très bien que c'est toi qui as utilisé mon ordinateur et qui l'as détraqué.*

Faire le zouave : jouer le comique pour faire rire tout le monde.
Louis est souvent puni parce qu'il **fait le zouave** *en classe.*

Faire les quatre cents coups : faire beaucoup de bêtises.
Le directeur de l'école a convoqué les parents de Steve. Cet enfant **fait les quatre cents coups**.

Déconner à pleins tubes (familier) : faire ou dire des choses insensées.
Quand Marcel a trop bu, il **déconne à pleins tubes**.

GAGNER / PERDRE

▸ **Gagner, vaincre**
Ne faire qu'une bouchée de quelqu'un ou quelque chose : vaincre très facilement.
Tu es beaucoup plus fort que ton adversaire. Tu **n'en feras qu'une bouchée**.

Faire toucher les épaules à quelqu'un : vaincre quelqu'un.
Boris et Anton se sont affrontés aux échecs. Boris est beaucoup plus fort qu'Anton et **lui a fait toucher les épaules**.

Battre quelqu'un à plates coutures : complètement, de manière définitive.
Stéphanie a joué au tennis contre Laure et **l'a battue à plates coutures** : *6-0, 6-0.*

C'est la loi de la jungle : c'est le plus fort qui gagne.
Dans la cour de récréation, c'est souvent **la loi de la jungle**.

Avoir quelqu'un à l'usure : gagner sur quelqu'un grâce à de la ténacité.
Le boxeur **a eu son rival à l'usure**. *Ce dernier s'est effondré de fatigue.*

Mettre le grappin sur quelqu'un (quelque chose) : avoir quelqu'un ou quelque chose en s'imposant, parfois en forçant.

*Cette femme **a mis le grappin sur l'homme** le plus riche de la région.*

La police peut **mettre le grappin sur** des bandits (les attraper).

Avoir (Prendre) quelqu'un de vitesse : vaincre quelqu'un par rapidité.
*Pauline voulait la petite robe rose dans la vitrine mais une autre cliente **l'a eue de vitesse**.*

Couper l'herbe sous le pied (à quelqu'un) : devancer quelqu'un, être plus rapide.
*Nolwenn voulait être la première à me souhaiter mon anniversaire mais Sophie **lui a coupé l'herbe sous le pied**, elle m'a appelé deux minutes avant elle.*

Chercher (Trouver) le défaut de la cuirasse : le point faible, le point sensible.
*Il est très fort mais il n'est pas invincible. Il suffit que tu **trouves le défaut de sa cuirasse**.*

Mettre quelqu'un dans sa poche : mettre quelqu'un de son côté, le gagner à sa cause.
*Malgré la dispute avec sa femme, Simon a réussi à **mettre toute sa belle-famille dans sa poche**.*

C'est dans la poche : c'est déjà gagné.
*Tu crois qu'on va gagner le match ? – Oui, **c'est dans la poche**.*

Les Français utilisent parfois l'expression en anglais :
in the pocket.

▸ Perdre

Se faire coiffer (au poteau) : être dépassé par un concurrent.
*Le cheval numéro six a perdu la course de peu. Il **s'est fait coiffer au poteau** par le cheval numéro trois.*

Mettre quelqu'un
dans sa poche

Battre en retraite : reculer devant l'ennemi.
*Finalement, les manifestants **ont battu en retraite** devant les forces de police.*

Avec l'énergie du désespoir : la force déployée lorsque tout est perdu.
*Bien qu'il sache qu'il n'a aucune chance de gagner, il se défend **avec l'énergie du désespoir**.*

Un(e) de perdu(e), dix de retrouvé(e)s : se dit pour réconforter quelqu'un qui est attristé d'avoir perdu quelque chose ou quelqu'un.
*Johnny m'a quittée. – Ne t'inquiète pas, **un de perdu, dix de retrouvés**.*

HÉSITER

Ne pas savoir sur quel pied danser : ne pas savoir quel comportement avoir.
La mère et la femme de Pierre se détestent et ne se parlent plus. Le pauvre Pierre les aime toutes les deux et il ne sait pas sur quel pied danser.

Se demander si c'est du lard ou du cochon : se demander de quoi il s'agit.
Alex aime se moquer de Cathy. Celle-ci ne sait pas comment réagir et n'arrive pas à décider si Alex est simplement taquin ou s'il est méchant. Elle se demande si c'est du lard ou du cochon.

Faire l'âne de Buridan (recherché) : ne pas réussir à choisir entre deux solutions.
Tu hésites depuis deux mois, décide-toi, arrête de faire l'âne de Buridan.

LAISSER, SE DÉBARASSER

▸ Abandonner quelqu'un ou quelque chose
Rester en carafe : être abandonné.
Les discours de Solange fatiguaient ses amis. Ils sont tous partis et elle est restée en carafe.

Laisser en carafe : abandonner quelqu'un ou quelque chose.
Mes amis sont partis sans moi, ils m'ont laissé en carafe.

Un laissé-pour-compte : personne abandonnée à son sort.
Comme l'agence ne rapportait pas assez d'argent, elle a été fermée. Bastien est au chômage, c'est un laissé-pour-compte de la nouvelle économie.

Laisser tomber : abandonner.
Floriane n'aurait pas dû insulter ma fille. Je vais téléphoner à sa mère. – Tu ferais mieux de laisser tomber et laisse les enfants régler leurs problèmes.

L'expression **Laisse tomber** signifie « Oublie cette idée, ce sujet, cette discussion », etc.

Aller se rhabiller : abandonner dans le sens de renoncer à quelque chose.
Alex a perdu tout ce qu'il avait aux cartes. Maintenant, il peut aller se rhabiller.

▸ Se débarrasser de quelqu'un ou de quelque chose
Envoyer quelqu'un au diable (à tous les diables) (familier) : rejeter, se débarrasser de quelqu'un.
Un représentant a sonné à ma porte. Je n'avais pas de temps à perdre et je l'ai envoyé au diable.

Renvoyer (Envoyer) dans les cordes : repousser quelqu'un.
Dans la cour de récréation, Muriel essaie toujours de jouer avec Maxime. Mais elle n'a pas de chance, chaque fois qu'elle s'approche de lui, il la renvoie dans les cordes.

Donner un coup de balai : se débarrasser massivement de choses ou de personnes inutiles.
Le nouveau directeur prévoit de nombreux licenciements. Il a déjà annoncé qu'il allait **donner un coup de balai.**

Une coupe sombre : suppression importante (licenciement de personnel par exemple).
L'entreprise traverse une période difficile, la direction prévoit **des coupes sombres.**

Refiler le bébé à quelqu'un (familier) : se débarrasser sur quelqu'un d'un problème.
Je ne travaille plus sur ce projet, il ne m'intéresse pas et c'est trop difficile. **J'ai refilé le bébé à un collègue.**

Jeter le bébé avec l'eau du bain : se débarrasser de l'essentiel en même temps que des détails.
D'accord pour la modernisation de l'entreprise. Mais il faut garder les grandes orientations. Ne **jetons pas le bébé avec l'eau du bain.**

Mettre (Jeter) quelque chose au rancart : ne plus utiliser quelque chose.
Mathilde **a jeté tous ses vêtements** *de punk* **au rancart.**

Mettre (Jeter) quelque chose au panier : jeter quelque chose, se débarrasser de quelque chose.
J'ai mis au panier toutes les photos de mon ex.

▶ Exclure
Mettre (quelqu'un ou quelque chose) à l'index : l'exclure.
Le porte-parole du candidat **a été mis à l'index** *depuis ses déclarations insultantes.*

Être (Mettre) quelqu'un sur la touche (Être mis sur la touche) : écarter quelqu'un de ses responsabilités.
René a été **mis sur la touche** *car son patron estime qu'il ne peut plus conduire prudemment un camion.*

Jeter (Mettre) quelqu'un à la rue : expulser quelqu'un d'un domicile.
Si je ne trouve pas un travail rapidement, mes parents vont finir par **me jeter à la rue.**

Mettre (Jeter, Foutre [familier]) quelqu'un à la porte : faire sortir quelqu'un de force, licencier.
Après une grosse dispute, ils **ont mis leur belle-fille à la porte.**

Mettre quelqu'un à pied : licencier quelqu'un.
La stagiaire faisait de l'espionnage pour une autre société alors elle **a été mise à pied.**

LOUER, FLATTER

▸ **Féliciter, louer**

Tirer son chapeau (Donner un coup de chapeau) à quelqu'un : féliciter, exprimer son admiration.
Vous avez fait un exposé remarquable. Je vous tire mon chapeau.

Plus brièvement : **chapeau !** ou **chapeau bas !**

Jeter des fleurs à quelqu'un : lui faire des compliments.
Je crois que mon projet a plu. On m'a applaudi et on m'a jeté des fleurs.

Tresser des couronnes : faire des louanges (l'expression peut être ironique).
Ce film est nul. Je ne comprends pas pourquoi la presse lui a tressé des couronnes.

▸ **Flatter**

Passer de la pommade à quelqu'un : flatter quelqu'un.
Tu sais que je te trouve génial, Laurent. – Arrête de me passer de la pommade et dis-moi ce que tu veux.

Flatter (caresser) quelqu'un dans le sens du poil : complimenter quelqu'un en sachant que cela lui fait plaisir.
Si vous voulez que Charles vous aide, flattez-le dans le sens du poil, parlez-lui de sa réussite.

Passer la main dans le dos de quelqu'un : flatter légèrement quelqu'un.
Si tu veux qu'il soit gentil avec toi, passe-lui la main dans le dos.

Faire des ronds de jambe : être exagérément poli avec quelqu'un.
Les célébrités sont souvent entourées de gens qui leur font des ronds de jambe.

Un coup d'encensoir : flatterie, louange exagérée.
Pour obtenir des faveurs de son supérieur, il lui passe régulièrement des coups d'encensoir.

Passer (Manier) la brosse à reluire : être trop flatteur.
Elle est vaniteuse. Passe-lui un peu de brosse à reluire et elle t'appréciera.

Cirer les pompes à quelqu'un (familier) : flatter bassement.
Jules est toujours d'accord avec son chef. Il croit qu'en lui cirant les pompes, il aura une augmentation.

Dans cette expression, pompes désigne les chaussures en argot.

Lécher les bottes à quelqu'un (familier) : flatter bassement quelqu'un pour obtenir quelque chose.

105

*Il **lèche les bottes au professeur** dans l'espoir d'avoir de bonnes notes.*

Variante vulgaire : **lécher le cul, c'est un lèche-bottes** ou **un lèche-cul**.

SE MOQUER, IRONISER

Se payer la tête de quelqu'un : se moquer de quelqu'un.
*Le chauffeur de taxi **s'est payé notre tête** ; il a pris un chemin détourné.*

Variante familière : **se payer la poire de quelqu'un.**

Faire un pied de nez : un geste
indique la dérision envers
quelqu'un (le pouce sur le nez et
les quatre autres doigts écartés
et en mouvement).
*Jojo a été puni car il a **fait un pied
de nez** à la maîtresse qui lui disait
de se taire.*

Faire un pied de nez

Un pied de nez est aussi une action que l'on fait par dérision envers quelqu'un. *Lorsque Bernard a gagné au loto, il a immédiatement changé de banque ; **un pied de nez** à son ancien banquier qui le harcelait sans cesse pour ses découverts.*

Être la fable de quelqu'un (quelque chose) : être un sujet de moquerie pour.
*Tout le monde connaît la mésaventure qui lui est arrivée. C'**est la fable du bureau**.*

Mettre quelqu'un en boîte : se moquer de quelqu'un, s'amuser aux dépens de quelqu'un.
*Jean-Jacques n'est pas très intelligent, mais ce n'est pas une raison pour **le mettre en boîte** continuellement.*

L'action est **la mise en boîte**.

Avoir (Faire) un regard (un sourire) en coin : ironique ou malveillant.
*Je n'aime pas quand il a ce **sourire en coin**, j'ai toujours l'impression qu'il prépare un mauvais coup.*

C'est l'hôpital qui se moque (se fout [familier]) de la charité : celui qui se moque ne vaut pas mieux que l'autre.
*Ta voiture, c'est un vrai tas de ferraille ! – Et toi, tu n'as qu'un vieux vélomoteur ! **C'est l'hôpital qui se moque de la charité** !*

PENSER, CROIRE

▸ Réfléchir

Se creuser le ciboulot (familier) : réfléchir.
*La solution n'est pas facile, mais si tu **te creuses le ciboulot**, tu la trouveras.*

Le ciboulot est une tête d'oignon.

Se casser (Se creuser) la tête : réfléchir de manière intense.
*Hugues **s'est creusé la tête** longtemps mais il s'est finalement souvenu du titre de ce film.*

Savoir à quoi s'en tenir : connaître la situation avant d'agir.
*Christelle a avoué qu'elle détestait la montagne. Maintenant on **sait à quoi s'en tenir**.*

Tâter le terrain : mesurer la situation avant d'agir.
*Je ne sais pas si Jeff a envie de venir avec nous en vacances. Je vais **tâter le terrain** tout à l'heure.*

▸ Croire

Croire quelqu'un sur parole : croire quelqu'un seulement d'après ce qu'il dit.
*Si tu me dis que Pierre a critiqué mon exposé, je **te crois sur parole**.*

Croire dur comme fer : croire avec une grande conviction.
*Mireille lit son horoscope tous les jours. Elle croit **dur comme fer** à l'astrologie.*

Croire (Prendre) quelque chose comme parole d'Évangile : croire sans réserve.
*Il n'est pas toujours très crédible. Il ne faut pas **prendre** tout ce qu'il dit **comme parole d'Évangile**.*

La foi du charbonnier : une conviction absolue et naïve.
*Justin est persuadé que l'acupuncture peut venir à bout de toutes les maladies. Rien ne le fera changer d'avis, il a **la foi du charbonnier**.*

▸ Imaginer, s'imaginer

Faire (Bâtir) des châteaux en Espagne : penser, imaginer des projets chimériques.
*Benoît vient de publier un premier roman. Il s'imagine déjà avoir un prix littéraire et peut-être le prix Nobel de littérature. Il **bâtit des châteaux en Espagne**.*

Se faire un (son, tout un) cinéma : s'imaginer les choses comme on souhaiterait qu'elles soient.
*Elle croit qu'avec un diplôme de droit, elle trouvera tout de suite un poste dans un grand cabinet d'avocats, qu'elle va devenir célèbre et millionnaire. Elle **se fait tout un cinéma**.*

Être dans la peau de quelqu'un (souvent avec une tournure négative) : s'imaginer à la place de quelqu'un.

*Édouard est rejeté par toute sa famille et il est en pleine dépression. Je n'aimerais pas **être dans sa peau**.*

Tomber de la lune (des nues) : être désillusionné après avoir espéré quelque chose de fantastique.
*Les actions que Dominique a achetées devaient doubler en un mois, or elles ont perdu quatre-vingts pour cent de leur valeur. **Il est tombé de la lune**.*

Avec des si, on mettrait Paris en bouteille : il ne faut pas trop rêver et se contenter de ce qu'on a.
*Si on avait plus de temps et plus d'argent, on serait plus heureux. – **Avec des si, on mettrait Paris en bouteille**.*

▸ Changer d'opinion
Changer (Virer) de bord : changer d'opinion.
*Ce politicien était socialiste, puis il est devenu écologiste. Maintenant il est libéral, il n'arrête pas de **virer de bord**.*

Tourner casaque : changer brusquement d'opinion.
*Je croyais qu'il allait me soutenir mais il **a tourné casaque** et a voté contre mon projet.*

Faire volte-face : changer brusquement et adopter une attitude opposée.
*Le policier voulait emmener Jérôme au commissariat puis il **a fait volte-face**, il lui a dit de partir.*

Changer d'avis comme de chemise : changer, remplacer très facilement.
*Personne ne prend Bertrand au sérieux. Il n'est pas fiable et **change d'avis comme de chemise**.*

On peut aussi **changer de choses** et **de personnes (voiture, travail, copain, copine, etc.) comme de chemise**.

Quelle mouche (te, vous,…) l'a piqué ? : pourquoi a-t-il changé si vite de comportement ?
*Tu as vu Richard qui a brutalement quitté la réunion ? – **Quelle mouche l'a piqué ?***

Virer sa cuti : changer radicalement de façon de vivre, de penser ou changer d'orientation sexuelle.
*Avant, Xavier aimait les plaisirs de la vie. Depuis qu'il est rentré dans une secte, il **a viré sa cuti** : il ne boit plus, il ne fume plus et il est devenu végétarien.*

Trouver son chemin de Damas : se convertir (à la religion ou à une idéologie).
*Plus jeune, il était communiste. Quand il a monté son entreprise, il **a trouvé son chemin de Damas** et est devenu un farouche capitaliste.*

Cette expression fait allusion à la route où saint Paul se convertit au christianisme.

Changer de peau : changer totalement de personnalité et de style de vie.
*Élise n'en peut plus de sa vie de chanteuse, elle voudrait **changer de peau**.*

Retourner quelqu'un comme un gant (comme une crêpe) : lui faire complètement changer d'avis.
*Jérôme n'aimait que la musique techno. Il a rencontré Alice qui en une semaine **l'a retourné comme une crêpe**. Maintenant, il adore l'opéra.*

▸ Se tromper
Se mettre (Se fourrer) le doigt dans l'œil : se tromper.
*Florent état sûr que Claire allait lui prêter de l'argent. Il **s'est fourré le doigt dans l'œil**, elle a refusé.*

Faire un faux pas : faire une erreur, une maladresse.
*Romain **a fait un faux pas** en parlant du décès de la femme de Monsieur Garnier.*

Le mieux est l'ennemi du bien : on se trompe souvent en voulant trop bien faire.
*Sa conférence est trop détaillée et trop longue, il a voulu bien faire mais **le mieux est l'ennemi du bien**.*

PROFITER D'UNE SITUATION, D'UNE OCCASION

Saisir la balle au bond : profiter rapidement d'une situation favorable.
*Lorsque les actions ont commencé à monter, Jacques **a saisi la balle au bond**. Il en a acheté autant qu'il a pu et a tout revendu trois mois plus tard avec un beau bénéfice.*

Sauter sur l'occasion : ne pas rater une occasion, ne pas hésiter.
*Cette maison est bien située, assez grande et pas très chère, il faut **sauter sur l'occasion**.*

Saisir l'occasion par les cheveux : saisir vite l'occasion.
*J'ai vu sur Internet un vol Paris-Rome aller-retour pour trente euros. **J'ai saisi l'occasion par les cheveux**.*

Battre le fer quand (tant, pendant qu') il est chaud : exploiter une situation sans attendre, profiter de l'occasion.
*Le patron est de bonne humeur aujourd'hui. Profites-en pour lui demander de changer la date de tes vacances. Il faut **battre le fer quand il est chaud**.*

Naviguer (Pêcher) en eau trouble : tirer avantage d'une situation confuse ou peu honnête.
*Ce financier fait des spéculations douteuses, il **pêche en eau trouble**.*

Faire coup double : obtenir deux résultats par la même action.
*Marie-Claude est partie enseigner le français à Barcelone pendant trois mois. Elle a gagné beaucoup d'argent et elle en a profité pour apprendre le catalan. Elle **a fait coup double**.*

Faire d'une pierre deux coups : obtenir deux résultats en une seule action.
*En vendant notre vieux canapé, nous **avons fait d'une pierre deux coups**, nous nous en sommes débarrassés et nous avons gagné cent euros.*

Jouer (Miser) sur les deux (tous les) tableaux : compter sur deux ou plusieurs choses opposées en même temps afin d'être sûr de gagner.
*En envoyant son C.V. à toutes les entreprises de la ville, Gilles **mise sur tous les tableaux**.*

Amener (Tirer) la couverture à soi : se donner le mérite qui revient à un autre, prendre plus que sa part.
*Louis et Jeanne on fait ce rapport tous les deux mais c'est elle qui a signé de son seul nom et qui a reçu toutes les félicitations. Il faut toujours qu'elle **tire la couverture à elle**.*

Manger à tous les râteliers : utiliser sans scrupules tous les moyens pour obtenir des bénéfices.
*Quand Jeanne était jeune journaliste, elle **mangeait à tous les râteliers**.*

Rater (Manquer) le coche : perdre l'occasion de faire quelque chose utile, profitable.
*J'ai hésité à acheter cet appartement. Quand je me suis décidé, c'était trop tard. Il vaut maintenant deux fois ce que je l'aurais payé. C'est dommage, j'**ai raté le coche**.*

Le coche était une grande voiture tirée par des chevaux qui servait au transport des voyageurs.

Passer sous le nez (de quelqu'un) : rater une bonne occasion.
*À la vente aux enchères, une petite table Louis XV **m'est passée sous le nez**, quelqu'un a fait une offre trop élevée pour moi.*

PROMETTRE

Tu m'en diras (Vous m'en direz) des nouvelles : annoncer à quelqu'un quelque chose de bien en étant sûr que ce sera apprécié.
*Emportez ces gâteaux chez vous, **vous m'en direz des nouvelles** !*

Donner sa parole d'honneur : promettre quelque chose sur son honneur.
*Je n'ai pas révélé votre secret, je vous **donne ma parole d'honneur**.*

Tenir parole : faire ce que l'on a promis de faire.
*Nadège avait promis de m'aider à déménager, elle **a tenu parole**.*

Promettre la lune : faire des promesses que l'on ne pourra pas tenir.
*Martin **a promis la lune** à Pénélope en lui disant qu'ils feraient le tour du monde ensemble.*

Promettre monts et merveilles (parfois ironique) : faire des promesses fabuleuses.
*Antoine **avait promis monts et merveilles** à sa femme s'ils déménageaient en province mais après deux semaines, ils veulent revenir à Paris.*

LES RAPPORTS DE FORCE

▶ Diriger, commander, contraindre, exiger
Mener la danse : mener l'action, prendre les décisions.
*Les négociations seront dans l'impasse tant que les éléments les plus extrémistes **mèneront la danse**.*

Être à la barre : diriger.
*Depuis qu'un nouveau ministre **est à la barre**, les choses vont beaucoup mieux.*

En 1974, un des slogans de l'élection présidentielle était : « Giscard, à la barre ! »

Faire marcher (Mener) quelqu'un à la baguette : conduire avec autorité.
*Le directeur est très autoritaire. Il **fait marcher tous ses employés à la baguette**.*

Mener quelqu'un par le bout du nez : diriger quelqu'un.
*Georges croit tout diriger chez lui, mais en fait c'est sa femme qui **le mène par le bout du nez**.*

On peut aussi **se laisser mener par le bout du nez** : se soumettre docilement à la volonté de quelqu'un.

Porter la culotte : se dit d'une femme qui domine son mari.
*Chez lui, Armand ne décide de rien, c'est madame qui **porte la culotte**.*

Mener quelqu'un au doigt et à l'œil : mener avec une ferme autorité.
*Ce n'est pas un père facile ; il **mène ses enfants au doigt et à l'œil**.*

Être à cheval sur quelque chose : être très exigeant, avoir des principes.
*Madame Legrand n'accepte pas que sa fille dise des gros mots. Elle **est très à cheval sur la politesse**.*

Placer haut la barre : avoir des exigences très fortes.
*L'examen était très difficile. Le professeur **avait placé haut la barre** et très peu d'étudiants ont réussi.*

Mettre le holà (à quelque chose) : mettre fin à quelque chose (pour remettre l'ordre).
Mon fils passe toutes ses soirées à jouer à la console et bâcle ses devoirs, je vais devoir mettre le holà sinon il va rater son année scolaire.

Donner le la : agir pour donner l'exemple.
Le député a donné le la en critiquant vigoureusement le Premier ministre.

Donner le ton : donner son comportement en exemple.
Solenne a donné le ton de la réunion en commençant à critiquer ses collègues.

Trouver son maître : trouver quelqu'un qui est plus fort que soi.
Emmanuel pensait tout savoir sur l'opéra mais avec Antoine, il a trouvé son maître.

Souffler le chaud et le froid : imposer des conditions selon son caprice.
La direction a annoncé qu'elle acceptait les revendications des employés, puis elle a déclaré qu'elle refusait toute concession. Elle souffle le chaud et le froid.

Se mettre en travers du chemin de quelqu'un : empêcher quelqu'un de faire quelque chose.
Alexandre était en train de réussir à remonter l'entreprise de son père mais son frère s'est mis en travers de son chemin.

Avoir (Ouvrir) l'œil (sur quelqu'un ou quelque chose) : surveiller, être vigilant.
Le professeur m'a dit que mon fils n'apprenait pas toujours ses leçons, maintenant j'ai l'œil sur lui.

Tenir la dragée haute à quelqu'un : faire sentir son pouvoir à quelqu'un, lui faire payer cher ce qu'il demande.
Il est le gérant du magasin, mais c'est sa femme qui en est la propriétaire. Il ne peut pas prendre la moindre décision sans la consulter, elle lui tient la dragée haute.

Serrer la vis à quelqu'un : être plus sévère avec quelqu'un, lui donner moins de liberté.
Damien sort tous les soirs et travaille mal à l'école. Ses parents vont lui serrer la vis.

Mettre quelqu'un au pas : obliger quelqu'un de peu obéissant à obéir.
Les élèves de Madame Dupré sont indisciplinés et elle veut les mettre au pas.

Forcer la main à quelqu'un : forcer quelqu'un à faire quelque chose.
Je ne voulais pas vraiment acheter ce manteau mais le vendeur m'a un peu forcé la main.

Être à la merci de (quelqu'un ou quelque chose) : dépendre totalement de.
Quand un ordinateur tombe en panne, on se sent vraiment à la merci de la technologie.

Tomber entre les pattes de quelqu'un : être sous la mauvaise influence de quelqu'un.
*La vieille dame croyait que le commercial était honnête mais elle **est tombée entre les pattes d'un voleur**.*

Mettre le couteau sous la gorge : obliger quelqu'un à dire ou à faire quelque chose par la contrainte ou la menace.
*La banque me menace de saisir mon appartement si je ne rembourse pas l'emprunt dans les dix jours. Elle me **met le couteau sous la gorge**.*

Presser quelqu'un comme un citron : exploiter quelqu'un.
*Le directeur du laboratoire a mauvaise réputation. Il **presse ses assistants comme des citrons** et s'attribue le mérite de leur travail.*

▸ **L'obéissance et la soumission**
Filer doux : obéir sans protester, se soumettre.
*Quand son père a commencé à élever la voix, la petite fille **a filé doux**.*

Obéir au doigt et à l'œil : obéir aveuglément.
*Le moniteur de sport fait un peu peur aux enfants. Ils lui **obéissent au doigt et à l'œil**.*

Être sous la coupe de quelqu'un : être sous la dépendance de.
*Martial ne peut pas sortir sans en demander la permission à sa femme. Il **est sous sa coupe**.*

Faire les quatre volontés de quelqu'un : faire tout ce que veut quelqu'un.
*Maryvonne **fait les quatre volontés de sa grande sœur**.*

Être pieds et poings liés : ne pas pouvoir agir librement.
*Avec ses cinq très jeunes enfants, Martine dit qu'elle **est pieds et poings liés**.*

Se tenir à carreau : être vigilant, éviter de commettre la moindre faute.
*Il y a des radars sur cette portion d'autoroute. Il vaut mieux **se tenir à carreau**.*

Être à la botte de quelqu'un : être aux ordres de quelqu'un.
*Il n'a pas à me commander, ce n'est pas mon supérieur. Je ne vois pas pourquoi je **serais à sa botte**.*

On peut aussi **avoir quelqu'un à sa botte**.

Courber (Plier, Tendre) l'échine : se soumettre, céder.
*Le patron de bar s'est mis en colère et à menacé la serveuse de renvoi mais elle **n'a pas plié l'échine**.*

Variante : **avoir l'échine basse**.

S'aplatir comme une carpette (comme une crêpe) devant quelqu'un : être soumis.
*Il n'a aucune dignité. Il est toujours prêt à **s'aplatir comme une carpette** devant ses supérieurs.*

Variante : **s'aplatir comme une descente de lit.**

Se laisser tondre la laine sur le dos (familier) : se faire exploiter.
*Le patron exige qu'Alban vienne travailler le week-end mais il refuse de lui payer des heures complémentaires. Alban **se laisse tondre la laine sur le dos.***

▸ **La hiérarchie**
Être le bras droit de quelqu'un : être le principal adjoint de quelqu'un.
*Christian a eu une promotion. Il est maintenant **le bras droit du directeur.***

Une éminence grise : conseiller secret, intime, qui dans l'ombre, exerce une grande influence.
*Officiellement il n'est qu'un des assistants du ministre parmi d'autres mais en réalité, c'est son **éminence grise.***

Une éminence grise

Avoir le bras long : avoir de l'influence.
*Théo pourrait t'aider à trouver un travail, il **a le bras long.***

Nous n'avons pas gardé les cochons ensemble : pas de familiarité, nous ne sommes pas du même monde, du même milieu (se dit pour montrer sa supériorité).
*Je ne vous ai jamais autorisé à me tutoyer. **Nous n'avons pas gardé les cochons ensemble.***

Être bien (mal) en cour : être bien (mal) vu des supérieurs, des autorités.
*Ce sont toujours les mêmes journalistes qui sont choisis pour interviewer le chef d'État. Il faut dire qu'ils **sont bien en cour.***

Jouer dans la cour des grands : passer à un niveau supérieur.
*Ce journaliste a commencé par travailler dans un journal local. Depuis qu'il est engagé dans un journal national, il **joue dans la cour des grands.***

Prendre du galon : obtenir de l'avancement, une promotion.
*Marie-Christine **a pris du galon**. De sténodactylo, elle est passée secrétaire de direction.*

Deuxième (Second) couteau : personnage de second plan.
Le politicien pensait faire partie du gouvernement mais il n'a pas été nommé ministre.
*Il devra se contenter d'être **un second couteau** : conseiller auprès d'un secrétaire d'État.*

ÊTRE, RENDRE RESPONSABLE
Faire les frais de quelque chose : être celui qui paye, être la victime.
*Le maire **a fait les frais du mécontentement** de la population de la ville, il n'a pas été réélu.*

Retomber sur le nez (de quelqu'un) : subir les conséquences de ses actes.
*Damien critiquait tout le monde et ça **lui est retombé sur le nez**, il n'a plus d'amis.*

Faire son mea culpa : reconnaître sa culpabilité, sa responsabilité et s'excuser en public.
*Le ministre qui était suspecté d'abus de biens sociaux vient de **faire son mea culpa**.*

Mea culpa vient du latin et signifie « ma faute ».

Porter le chapeau : être considéré comme responsable, endosser la responsabilité d'une faute.
*C'est vous qui avez fait cette erreur, pas moi. Pas question de me faire **porter le chapeau**.*

(Faire) payer les pots cassés : subir les conséquences de l'action de quelqu'un.
*Le déjeuner de Noël a été annulé à cause d'une dispute familiale. Dans cette histoire, ce sont les enfants qui **payent les pots cassés**.*

Avoir bon dos (familier) : supporter injustement la responsabilité d'une faute.
*Ce n'est pas moi, c'est le chat qui a cassé le vase. – Il **a bon dos**, le chat.*

Mettre quelque chose sur le dos de quelqu'un : le rendre responsable.
*Tout le monde est coupable dans cette affaire. Alors ne **me mettez** pas **tout sur le dos**.*

Le bouc émissaire : personne sur qui on fait retomber les torts des autres.
*Le projet a échoué, je n'y ai même pas participé mais on me rend responsable de l'échec. C'est moi qu'on a choisi comme **bouc émissaire**.*

Une (La) tête de Turc : celui qui est accusé ou puni à la place des autres.
*Marc a l'impression d'être **la tête de Turc** de la classe.*

RÉPRIMANDER
Faire les gros yeux à quelqu'un (surtout aux enfants) : regarder quelqu'un avec désapprobation et colère.

*Le petit Rémi a dit un gros mot et sa mère **lui a fait les gros yeux**.*

Remonter les bretelles à quelqu'un (familier) : sermonner, faire des reproches à quelqu'un.
*Tu as oublié de rendre ton devoir. Tu vas te faire **remonter les bretelles**.*

Avoir deux mots à dire à quelqu'un : dire que l'on va réprimander quelqu'un.
*Lucie, on peut se voir un instant, j'**ai deux mots à vous dire**.*

En prendre (avoir) pour son grade : se faire disputer.
*Quand ta mère va savoir que c'est toi qui as cassé son vase chinois, tu vas **en prendre pour ton grade** !*

Se faire taper sur les doigts : se faire réprimander.
*En rentrant, Vincent a oublié de rapporter du pain. Il **s'est fait taper sur les doigts** par sa femme.*

Entendre (Entendre chanter) Ramona : se faire disputer.
*Dépêche-toi de rentrer avant minuit sinon tu vas **entendre chanter Ramona**.*

Se faire tirer l'oreille : se faire disputer.
*Si tu n'enlèves pas tes chaussures pour rentrer dans l'appartement de Chantal, **tu vas te faire tirer l'oreille**.*

Sonner les cloches à quelqu'un : réprimander fortement quelqu'un.
*Jonathan est arrivé de l'école avec des mauvaises notes. Son père **lui a sonné les cloches**.*

Engueuler quelqu'un comme du poisson pourri (familier) : disputer fortement quelqu'un.
*La concierge **m'engueule comme du poisson pourri** quand je fais du skate dans le hall.*

Envoyer quelqu'un promener : réprimander quelqu'un brusquement pour qu'il parte.
*La vieille dame **a envoyé promener le mendiant** qui lui demandait un euro.*

Secouer les puces à quelqu'un : disputer quelqu'un vigoureusement pour qu'il prenne conscience de quelque chose.
*Nos amis **ont secoué les puces à leur fils** pour qu'il se remette à ses études.*

Passer un savon à quelqu'un (familier) : disputer fortement quelqu'un.
*Diane n'a pas prévenu qu'elle serait absente. Son chef va **lui passer un savon** !*

Faire une scène (à quelqu'un) : faire des reproches exagérés à quelqu'un (en général dans un couple)

*Pourquoi rentres-tu si tard ? – J'étais au bureau, tu ne vas pas encore **me faire une scène** !*

Envoyer paître quelqu'un (familier) : se débarrasser de quelqu'un avec méchanceté.
*Je suis allée me plaindre à mon voisin à cause du bruit qu'il faisait mais il **m'a envoyé paître**.*

SE SOUVENIR / OUBLIER

▸ **La mémoire**
Faire un nœud à son mouchoir : faire en sorte de ne pas oublier quelque chose.
*On a rendez-vous jeudi à 18h, **fais un nœud à ton mouchoir** !*

Marquer (Écrire, noter, etc.) quelque chose sur ses tablettes : noter quelque chose sur son agenda, ne pas oublier un rendez-vous.
*Stanislas, tu n'oublies pas notre dîner le 19 janvier. – Je **l'ai marqué sur mes tablettes**.*

Marquer d'une pierre (croix) blanche : se souvenir d'un événement extraordinaire.
*C'est Marc qui a payé l'addition, lui qui ne paye jamais. C'est un jour à **marquer d'une pierre blanche**.*

▸ **L'oubli**
Avoir (un mot, une idée) sur le bout de la langue : ne pas retrouver quelque chose que l'on a en mémoire.
*Comment s'appelle la femme de Philippe ? – **J'ai son nom sur le bout de la langue**, attends une minute, je vais me le rappeler.*

Avoir un trou de mémoire : avoir momentanément oublié.
*Pendant son exposé, Carmen **a eu un trou de mémoire**.*

Passer à la trappe : être oublié, ignoré.
*L'anniversaire de Nicolas **est passé à la trappe** cette année, tout le monde l'a oublié.*

Jeter (mettre) quelque chose (quelqu'un) aux oubliettes : oublier volontairement quelque chose ou quelqu'un.
*Maintenant qu'il a rencontré Cathy, Vincent **a jeté toutes ses idées noires aux oubliettes**.*

Tourner la page : oublier le passé.
*Arrête de penser à ces vieilles histoires de famille, **il faut tourner la page** maintenant.*

Faire table rase de quelque chose : se débarrasser de, oublier quelque chose.
*Olivier a un nouveau travail, une nouvelle maison et une nouvelle femme. Il a décidé de **faire table rase de son passé**.*

Manger la consigne : oublier une recommandation, ne pas accomplir un ordre.
*La secrétaire a oublié de poster le courrier. Ce n'est pas la première fois qu'elle **mange la consigne**.*

Passer l'éponge sur quelque chose : oublier, pardonner quelque chose, ne plus en parler.
*La mère **a passé l'éponge sur les bêtises** de son fils mais elle lui a dit que c'était la dernière fois.*

Se taire

Être muet comme une carpe : être silencieux, ne pas dire un mot.
*Gérald était si nerveux pendant le mariage qu'au moment de répondre au prêtre, il est resté **muet comme une carpe**.*

Ne pas desserrer les dents : ne pas parler.
*Quelque chose a vexé Alain, il **n'a pas desserré les dents** de la soirée.*

JE NE DIS RIEN ...

... MAIS JE N'EN PENS[ ] PAS MOIN[ ]

Être muet comme une carpe

Avoir un bœuf sur la langue : garder le silence.
*Qu'est-ce que tu as ? Réponds ! Tu **as un bœuf sur la langue** ?*

Un ange passe : lorsque tout le monde se tait en même temps et qu'il y a un silence prolongé.
*À l'annonce de cette nouvelle, tout le monde s'est tu. **Un ange est passé**.*

Se regarder en chiens de faïence : se regarder sans parler, de façon hostile.
*Éliane ne savait pas que Ronaldo et Adrien ne pouvaient pas se supporter. Elle les a invités tous les deux à sa fête. Ils ont passé la soirée à **se regarder en chiens de faïence**.*

Faire le gros dos : ne rien dire pour se protéger en attendant que le danger s'éloigne.
*Pierre est en rage parce que sa secrétaire a égaré un dossier. Elle **fait le gros dos** en attendant qu'il se calme.*

Bouche cousue : la discrétion absolue.
*Tu voudrais savoir si Fabien et Sophie vont divorcer, mais je ne te dirai rien : **bouche cousue**.*

On peut aussi dire : **motus et bouche cousue.**

Jeter un voile sur quelque chose : faire le silence sur un sujet.
*La famille a préféré **jeter un voile sur la question** de l'héritage.*

La mettre en veilleuse (familier) : se taire.
*Vous avez dit assez de bêtises, **mettez-la en veilleuse** s'il vous plaît.*

Ne pas dire (Ne pas ajouter, etc.) un traître mot : pas un seul mot.
*Noémie était contrariée, elle **n'a pas dit un traître mot** de la soirée.*

Faire la tête (à quelqu'un) : être vexé et ne plus parler, bouder.
*Les adolescents **font** souvent **la tête** sans que l'on sache toujours pourquoi.*

Entendre une mouche voler : avoir le silence complet.
*Les enfants, taisez-vous, je veux **entendre une mouche voler**.*

La parole est d'argent mais le silence est d'or : parler est important mais rester silencieux l'est parfois plus.
*Si Charles t'insulte encore, ne dis rien, **la parole est d'argent mais le silence est d'or**.*

TRAVAILLER

▷ Le travail en général

Avoir du boulot (du pain) sur la planche : avoir beaucoup de travail à faire.
*Les Simon ont acheté une vieille ferme à restaurer. Ils **ont du pain sur la planche** !*

Apporter quelque chose à quelqu'un sur un plateau : faire tout le travail pour quelqu'un.
*Bernard n'a rien eu à faire, sa femme **lui a apporté tous les formulaires remplis sur un plateau**.*

Faire quelque chose à la sueur de son front : comme résultat de son seul travail.
*Christian **a refait toutes les peintures** de la maison **à la sueur de son front**.*

▷ Travailler avec ardeur et énergie

En vouloir : être très motivé et déterminé.
*Charles réussira ses études car il **en veut**.*

Avoir le feu sacré : avoir de l'ardeur, être très enthousiaste.
*Marie-Françoise va abandonner ses études de médecine. Elle **n'a pas le feu sacré**.*

Avoir (Mettre) du cœur à l'ouvrage : être enthousiaste pour un travail.
*Virginie est passionnée par son travail, elle **a** toujours **beaucoup de cœur à l'ouvrage**.*

S'en donner à cœur joie : faire quelque chose avec grand plaisir, sans s'imposer de limites.
*Les enfants ont eu la permission de faire une bataille de boules de neige dans la cour de l'école. Ils **s'en sont donné à cœur joie**.*

Être tout feu tout flamme : être enthousiaste.
*Élisabeth vient de commencer ses études de médecine. Elle **est tout feu tout flamme**. Je me demande si ça va durer.*

À corps perdu : avec ardeur, sans se ménager.
*Il s'est donné **à corps perdu** à son nouveau travail, il passe volontairement dix heures par jour au bureau et ramène même des dossiers à la maison.*

Y aller de bon cœur : y aller avec énergie.
*Frappe plus fort sur le clou avec ton marteau. N'aies pas peur, **vas-y de bon cœur**.*

L'huile de coude : l'énergie, l'effort (en général pour un travail physique).
*Vous êtes mous, les gars. Si vous continuez comme ça, on n'aura jamais fini le déménagement aujourd'hui. Il faut y mettre un peu plus d'**huile de coude**.*

Corps et âme : avec toute son énergie (physique et morale).
*Lucie est passionnée de musique et vient de former avec ses copines un groupe de rock. Elle se consacre **corps et âme** à cette nouvelle activité.*

Faire quelque chose d'arrache-pied : avec beaucoup de volonté et d'énergie.
*Si vous voulez réussir l'examen, il faut **travailler d'arrache-pied**.*

Prendre le taureau par les cornes : se mettre au travail rapidement et avec énergie.
*Je n'ai plus que deux jours pour finir ce projet, il faut que je **prenne le taureau par les cornes**.*

Se démener comme un beau diable : avec beaucoup d'énergie.
*L'avocat **s'est démené comme un beau diable** mais son client a été condamné.*

Faire flèche de tout bois : utiliser tous les moyens à sa disposition.
*Pour prouver qu'il a raison, il utilise tous les arguments. Il **fait flèche de tout bois**.*

Se démener comme un beau diable

Remuer ciel et terre : employer tous les moyens.
*La fille du ministre a disparu. La police **remue ciel et terre** pour la retrouver.*

Décrocher la lune : réaliser ce qui paraît impossible.
*Pour séduire Adélaïde, Benjamin **décrocherait la lune**.*

Être toujours sur la brèche : être toujours en pleine activité, en plein travail.
*Je ne sais pas quand il prend le temps de se reposer. Il **est toujours sur la brèche**.*

Sans dételer (Ne pas dételer) : sans s'arrêter, sans prendre de repos.
*Grâce au café, Balzac était capable d'écrire pendant des heures **sans dételer**.*

Recharger ses batteries : reprendre des forces.
*Repose-toi un peu. Il est temps que tu **recharges tes batteries**.*

Sentir l'écurie : avoir un regain d'énergie lorsque la fin (d'un travail, d'un trajet) est proche.
*Encore deux kilomètres avant le gîte d'étape ! – On va les faire vite, ça **sent l'écurie**.*

▸ Travailler avec effort

Donner un coup de collier : fournir un gros effort.
*Les examens sont dans quinze jours. Il va falloir **donner un coup de collier**.*

Tenir (Porter) quelque chose à bout de bras : avec effort, sans aide.
*Vous pourriez m'aider un peu. Je suis le seul à **porter le projet à bout de bras**. Je n'y arriverai jamais seul.*

Se casser le cul à faire quelque chose (populaire) : faire de grands efforts pour faire quelque chose.
*C'est injuste, je **me suis cassé le cul à faire** un bon exposé et je n'ai récolté qu'une note moyenne.*

Mouiller sa chemise : se donner du mal pour faire quelque chose.
*Tu n'y arriveras jamais si tu ne te donnes pas à fond. Pour réussir ce travail, il faut **mouiller sa chemise**.*

En mettre un coup : faire un gros effort.
*Les examens de fin d'année sont la semaine prochaine. Je ne suis pas en avance dans mes révisions, il va falloir que j'**en mette un coup**.*

▸ La compétence / l'incompétence

Dans ses cordes : dans ses compétences.
*Je ne peux pas t'aider à réparer ta voiture. La mécanique, ce n'est pas **dans mes cordes**.*

Être fidèle au poste : être sérieux dans le travail, ne jamais être absent.
*Est-ce que tu as vu le boulanger ce matin ? – Bien sûr, il était là, **fidèle au poste**.*

Avoir des doigts de fée : être très habile manuellement (en couture par exemple).
*Avec quelques bouts de tissu, Jane s'est confectionné une jupe magnifique. Elle **a des doigts de fée**.*

Avoir l'étoffe de : avoir les capacités, les qualités nécessaires pour…
*Jean-Christophe est doué au piano. Son professeur pense qu'il **a l'étoffe d'**un grand musicien.*

Avoir la bosse de quelque chose : être doué naturellement pour quelque chose.
*Pierre veut devenir ingénieur. Il n'aura pas de problèmes, il **a la bosse des maths**.*

Toucher sa bille (familier) : avoir de l'expérience, être compétent.
*Fais-lui confiance pour réparer ton ordinateur, il **touche sa bille** en informatique.*

Avoir quelque chose (bien) en mains : maîtriser l'utilisation de quelque chose.
*J'avais un peu peur de conduire ma nouvelle voiture mais après une semaine, je **l'ai bien en mains**.*

De main de maître : avec une grande compétence.
*Jacques a mené la négociation **de main de maître**.*

Faire quelque chose (Être) aux petits oignons (familier) : faire quelque chose, être parfaitement bien.
*Fabrice nous **a organisé un voyage aux petits oignons**.*

Faire quelque chose comme un dieu : extrêmement bien.
*Je suis en admiration devant ses tableaux, il **dessine comme un dieu**.*

Il ne faut pas être grand clerc pour (+ infinitif) : il ne faut pas être expert, très compétent pour faire quelque chose.
*Il est évident que la nouvelle réforme ne règlera pas le problème du chômage. **Il ne faut pas être grand clerc pour** le comprendre.*

Variante : **Il n'est pas besoin d'être grand clerc pour…**

Ne rien savoir faire de ses dix doigts : être incompétent, incapable.
*Je me demande ce que mon fils va devenir. Il ne veut pas faire d'études et il **ne sait rien faire de ses dix doigts**.*

Faire quelque chose par-dessus la jambe : sans y apporter l'attention et le soin nécessaires.
*Ton C.V. n'est pas bien présenté ; on voit que tu **l'as fait par-dessus la jambe**.*

Faire quelque chose à la va-vite : faire quelque chose vite et mal.
*J'**ai fait mes bagages à la va-vite** et j'ai oublié ma brosse à dents et mon pyjama.*

Un travail de cochon : travail sans soin.
*Au lieu d'engager des ouvriers, j'ai fait appel à des étudiants pour repeindre mon appartement. Je le regrette, ils ont fait **un travail de cochon**.*

Faire quelque chose comme un pied (familier) : très mal, maladroitement.
*Personne ne veut monter en voiture avec grand-mère. C'est vrai qu'elle **conduit comme un pied**.*

▶ **Paresser, ne rien faire**

S'endormir sur ses lauriers : se contenter d'un succès.
*Hélène, tu as eu des bonnes notes en mathématiques mais il ne faut pas arrêter de faire des efforts, tu ne dois pas **t'endormir sur tes lauriers**.*

Se croiser les bras : ne pas réagir, rester sans rien faire quand les autres travaillent.
*Tout le monde a aidé à nettoyer sauf Xavier qui est resté là à **se croiser les bras**.*

Coincer la bulle (familier) : rester sans rien faire.
*Ce week-end, je ne fais rien, je **coince la bulle**.*

Ne pas lever (Ne pas remuer, Ne pas bouger) le petit doigt : ne rien faire, refuser d'agir.
*C'est entièrement de sa faute s'il se retrouve dans cette situation. Je **ne lèverai pas le petit doigt** pour l'aider.*

Ne pas en faire (ficher, foutre) une rame (familier) : ne rien faire par paresse.
*Bruno devait nettoyer le jardin mais il **n'en a pas fait une rame** de la matinée.*

Bayer aux corneilles : regarder en l'air sans rien faire.
*Tu ferais mieux de travailler au lieu de **bayer aux corneilles**.*

Faire le lézard : se reposer, allongé au soleil.
*Pendant les vacances, je joue au tennis le matin et l'après-midi, je **fais le lézard** sur la plage.*

Se tourner les pouces : ne rien faire, être inactif.
*Pendant que son mari nettoie la cuisine, elle **se tourne les pouces**.*

TROMPER
▶ **Mentir**

Ton (votre) nez remue (s'allonge) : tu mens.
*Je ne te crois pas, **ton nez remue**.*

Mentir comme on respire : mentir sans cesse.
*Ne croyez pas un mot de ce que dit Charlotte, elle **ment comme elle respire**.*

Un pieux mensonge : un mensonge dit pour éviter de blesser quelqu'un.
*Félix n'a pas dit à sa mère âgée qu'il avait eu un accident, c'est **un pieux mensonge**.*

C'est de la poudre aux yeux : une impression fausse qui cache une réalité moins belle.
*Valentin raconte qu'il a des tonnes d'amis mais **c'est de la poudre aux yeux** ; en réalité, il est tout seul.*

Mon œil ! : Je ne vous (te) crois pas.
*Georges a dit qu'il ne serait plus jamais en retard au bureau. **Mon œil !***

C'est du bidon (familier) : c'est du bluff, ce n'est pas sérieux, ce n'est pas vrai.
*Il t'a raconté qu'il gagnait des millions ? Ne le crois pas, **c'est du bidon.***

▶ Abuser
Faire mine de (+ infinitif) : faire semblant de.
*J'ai croisé Adrien dans la rue et il **a fait mine de** ne pas me voir.*

Un beau parleur : quelqu'un qui parle bien, avec facilité mais souvent dans le but de tromper.
*Éric est **un beau parleur**, il se fait inviter partout mais lui n'invite jamais personne.*

Dorer la pilule à quelqu'un : présenter quelque chose à quelqu'un sous un aspect faussement positif.
*Pascal **nous a doré la pilule** en nous présentant les résultats de son entreprise.*

Le miroir aux alouettes : quelque chose d'attirant mais qui n'est pas intéressant.
*Les actions que Dominique a achetées étaient **un** véritable **miroir aux alouettes**.*

Cette expression fait références aux miroirs qu'on utilisait pour attirer et attraper les alouettes (type d'oiseau).

Rouler quelqu'un dans la farine : tromper, duper quelqu'un.
*Un vendeur de voitures d'occasion persuasif a **roulé Jules dans la farine**. Il lui a vendu une voiture de sport qui est incapable de dépasser les 100 km/h.*

Bourrer le crâne de quelqu'un (familier) : essayer de faire croire quelque chose à quelqu'un.
*Le vendeur de voitures d'occasion **m'a tellement bourré le crâne** avec les qualités de cette automobile que j'ai fini par l'acheter. Je le regrette car je n'ai pas fait une affaire.*

Lorsqu'on bourre le crâne à quelqu'un, c'est du **bourrage de crâne**.

Une histoire à dormir debout : une histoire invraisemblable.
*Pauline a raconté **une histoire à dormir debout** pour excuser son retard. Personne ne l'a crue.*

Prendre dans ses filets : attirer, piéger quelqu'un.
*En proposant des séjours sous les tropiques à des prix très bas, l'agence de voyage espère **prendre dans ses filets** de nombreux clients.*

Jouer au chat et à la souris avec quelqu'un : prendre plaisir à se jouer de quelqu'un.
*Avant-hier, Liliane semblait amoureuse de moi. Hier, elle était très froide. Aujourd'hui, elle me sourit. Est-ce qu'elle **joue au chat et à la souris avec moi** ?*

Cousu de fil blanc : trop apparent pour tromper, pour abuser.
*Son histoire était **cousue de fil blanc**, personne n'y a cru.*

N'y voir que du feu (du bleu) : ne s'apercevoir de rien.
*Georges a imité la signature de son père sur son carnet de notes et le professeur **n'y a vu que du feu**.*

Mordre à l'hameçon : se laisser prendre.
*Pour éloigner Julie de son bureau, je lui ai dit que son mari était à l'accueil, elle **a mordu à l'hameçon**, elle est descendue et j'ai pu préparer la surprise pour son anniversaire.*

Tomber dans le panneau : tomber dans le piège préparé par quelqu'un, se faire avoir.
*Pedro m'a dit qu'il allait au pôle Nord. C'était le 1er avril et je **suis tombé dans le panneau**.*

▸ Tromper, duper
Mener quelqu'un en bateau : tromper, duper.
*Il m'a fait croire qu'on allait partager les bénéfices, mais il a gardé tout l'argent pour lui. Pendant des semaines, il **m'a mené en bateau**.*

Autre expression plus rare : **monter un bateau à quelqu'un.**

Un coup fourré : attaque hypocrite, coup en traître.
*Volontairement, Patrice n'a pas transmis des informations importantes à son collègue. Ce dernier n'a pas apprécié ce **coup fourré**.*

Faire un enfant dans le dos de quelqu'un : trahir la confiance de quelqu'un, lui faire un mauvais coup.
*Frank a été dénoncé et a eu un contrôle fiscal. Il a appris un mois après que c'était un collègue jaloux qui **lui avait fait cet enfant dans le dos**.*

Une peau de banane : procédé déloyal.
*Pascal essaie de supplanter ses collègues avec **des peaux de banane**.*

Le dindon de la farce : la victime d'une plaisanterie ou la dupe dans une affaire.
*Un promoteur a convaincu Luc d'investir dans un complexe touristique aux Caraïbes. Le complexe n'a pas été construit. Luc n'a jamais revu son argent et il est **le dindon de la farce**.*

L'avoir dans le baba (familier) : être trompé, attrapé.
*Je lui ai fait confiance, je n'aurais pas dû. Maintenant **je l'ai dans le baba**.*

Se faire avoir jusqu'au trognon (familier) : avoir été complètement trompé.
Beaucoup de gens se sont fait avoir jusqu'au trognon par cet escroc à l'assurance-vie.

VOIR, REGARDER

Avoir des yeux de lynx : tout voir, dans le moindre détail.
Les élèves ne peuvent rien cacher au professeur de maths, il a des yeux de lynx.

Avoir de la merde dans les yeux (populaire) : ne rien voir.
Tu ne vois pas la grosse faute ici ? Tu as de la merde dans les yeux ou quoi ?

Voir à l'œil nu : sans lunettes ni autre instrument pour voir.
On peut souvent voir les cratères de la lune à l'œil nu.

Jeter un coup d'œil : regarder rapidement.
Karen est entrée dans la boutique pour jeter un coup d'œil à la nouvelle collection d'hiver.

Avoir l'œil (le coup d'œil) : avoir la capacité d'observer et de juger rapidement.
Stéphanie adore les brocantes et elle sait reconnaître les jolies choses, elle a l'œil.

Ça vaut le coup d'œil (parfois ironique) : ça mérite d'être vu.
Regarde cette mamie en minijupe rose avec un chapeau vert et des bottes rouges, ça vaut le coup d'œil !

Ne pas avoir les yeux dans sa poche : être très attentif, regarder avec indiscrétion.
Quand il croise une jolie femme, Joël n'a pas les yeux dans sa poche.

Ton père n'est pas vitrier : se dit à quelqu'un qui empêche de laisser voir quelque chose.
David, ne te mets pas devant la télévision, ton père n'est pas vitrier !

Regarder d'un œil noir : regarder très méchamment.
Quand Sylvie a parlé de l'ex-copain de sa sœur, celle-ci l'a regardée d'un œil noir.

Regarder quelqu'un de travers : regarder quelqu'un méchamment.
Je ne comprends pas pourquoi le banquier m'a regardé de travers quand j'ai déposé mon chèque.

Regarder quelque chose (quelqu'un) d'un œil (+ adjectif) : regarder d'une façon particulière.
Les enfants nous ont regardés d'un œil interrogateur.

▸ **Les bonnes situations**

Baigner dans l'huile (familier) : aller très bien, ne présenter aucun problème.
Nicole n'a pas de problèmes dans son nouveau travail. Tout **baigne dans l'huile.**

Aller comme un gant à quelqu'un : convenir parfaitement.
*Ophélie est grande, mince, belle et élégante. Son métier de mannequin **lui va comme un gant.***

Retomber sur ses pieds (sur ses pattes) : revenir à une situation meilleure après une mauvaise expérience.
*Après des difficultés financières, Paul a trouvé un nouveau travail, ce qui lui a permis de **retomber sur ses pieds.***

L'expression **retomber sur ses pattes** fait référence à la capacité du chat à retomber sur ses pattes quand il tombe.

Reprendre du poil de la bête : reprendre le dessus, se montrer de nouveau combatif.
*Depuis qu'il sait que son rival risque d'être accusé de corruption, ce politicien, que tous les sondages donnaient perdant, **a repris du poil de la bête.***

▸ **Les bonnes ou les mauvaises situations**

Être bien (mal) loti : être favorisé (défavorisé).
*La femme de Pierre est un vrai dragon ! – Tu as raison, il **est mal loti.***

Être en (entre) de bonnes (mauvaises) mains : être avec quelqu'un de rassurant / dangereux pour soi.
*Les professeurs sont très bons dans cette école ; ma fille **est entre de bonnes mains.***

Faire le point : faire le bilan, mesurer le positif et le négatif d'une situation.
*Tu peux passer dans mon bureau, je voudrais **faire le point** sur ce nouveau dossier.*

Au sens littéral, **faire le point** signifie faire les réglages d'un appareil photo par exemple.

Il y a des jours avec et des jours sans : des jours où tout va bien et des jours où tout va mal.
*Je me suis réveillé en retard, j'ai renversé mon café, mon fils est malade… **il y a des jours avec et des jours sans** !*

Sentir le vent tourner : sentir arriver le changement d'une situation.
*Avant la nouvelle direction, on venait travailler à l'heure qu'on voulait mais on **a senti le vent tourner** et tout le monde est là à neuf heures.*

L'auberge espagnole : situation où on ne trouve que ce qu'on y apporte.
*Un proverbe français dit que l'amour, c'est comme **les auberges espagnoles**, on n'y trouve que ce qu'on y apporte.*

Une douche écossaise : alternance d'événements agréables et désagréables, de bonnes et de mauvaises nouvelles.
*Mon banquier m'a annoncé qu'il m'accordait un prêt, puis il a dit qu'il avait réfléchi et a refusé. Hier, il m'a dit que c'était possible et ce matin il hésite. C'est la **douche écossaise**.*

> **Les situations délicates et difficiles**
Aller de travers : fonctionner mal.
En ce moment, dans la vie de Sam, tout va de travers.

Une douche écossaise

Sentir le brûlé (le roussi) : se dit lorsqu'une affaire tourne mal, que quelque chose de déplaisant se prépare.
Les actions de la société ont baissé, on parle de restructuration et de délocalisation. Ça sent le brûlé.

Ça la fout mal (familier) : ça fait mauvais effet.
*Tu n'as pas appelé les Mistral pour les remercier du dîner de la semaine dernière ? Franchement, **ça la fout mal**.*

La mayonnaise prend (ne prend pas) : les choses (ne) s'harmonisent (pas).
*Céline a rassemblé la nouvelle équipe mais apparemment, **la mayonnaise n'a pas pris**.*

Ne tenir qu'à un fil : ne tenir qu'à très peu de chose, ne pas être solide, être très fragile.
*Ils n'arrêtent pas de se disputer et parlent de divorcer. Leur vie de couple **ne tient qu'à un fil**.*

Le revers de la médaille : le côté négatif d'une chose.
*C'est bien, tu as eu une belle promotion mais **le revers de la médaille**, c'est que tu vas travailler encore plus tard le soir et même le week-end.*

Un passage à vide : une mauvaise période.
*Benjamin est bon en maths mais il traverse **un passage à vide** avec deux mauvaises notes de suite.*

Ne pas être sorti de l'auberge : ne pas en avoir fini avec les difficultés.
Il m'a fallu huit heures pour traduire cinq pages. J'ai encore quinze pages à faire. **Je ne suis pas sorti de l'auberge.**

Être dans le creux (au creux) de la vague : se trouver dans une période particulièrement difficile mais momentanée.
Pour le moment, l'entreprise **est dans le creux de la vague** *car la conjoncture économique n'est pas bonne.*

En baver des ronds de chapeaux : vivre des séries d'événements difficiles, pénibles.
Tony s'est retrouvé sans domicile fixe pendant un an. Il **en a bavé des ronds de chapeaux.**

En voir (En dire, En entendre) des vertes et des pas mûres : vivre des choses toutes plus terribles les unes que les autres.
Arnold a traversé l'Amérique du Sud de long en large pendant deux ans. Il **en a vu des vertes et des pas mûres.**

Être sur la mauvaise pente : se mettre dans une situation de plus en plus négative.
Francis boit de plus en plus. Il **est sur la mauvaise pente.**

Mal tourner : pour une situation, devenir catastrophique ; pour une personne : après de bons débuts, mener une vie misérable, ou illégale, ou non vertueuse, etc.
Après la perte de son travail, Ferdinand **a mal tourné.** *Il est maintenant SDF.*

Être (Avoir) le dos au mur : ne plus pouvoir fuir, ne plus pouvoir reculer.
Nous devons nous décider maintenant. Ce n'est plus l'heure de tergiverser, nous **avons le dos au mur.**

Être (mettre quelqu'un) au pied du mur : devoir faire face à une situation sans pouvoir y échapper.
Maintenant que les huissiers sont chez lui, Patrick **est au pied du mur** *et il va devoir payer ses dettes.*

Ne pas y couper : ne pas pouvoir échapper à quelque chose de désagréable.
Une fois par mois, l'un de nous doit travailler le dimanche. Dimanche prochain, c'est ton tour, tu **ne vas pas y couper.**

Avoir du plomb dans l'aile : être menacé dans sa santé ou sa prospérité.
Cette firme vient de perdre un gros contrat. Elle commence à **avoir du plomb dans l'aile.**

Être sur la corde raide : être dans une situation difficile où il y a lieu d'être prudent.
Émile ne peut pas se permettre de dépenser trop d'argent. La banque l'a menacé de lui retirer sa carte bleue. Il **est sur la corde raide.**

Filer un mauvais coton : être dans une situation dangereuse (physique ou morale).
*Louise a manqué deux fois le lycée, elle n'a rendu aucun devoir ce mois-ci et elle a raté ses contrôles. Le conseil de classe est la semaine prochaine, elle **file un mauvais coton**.*

Être frais (ironique) : être dans une mauvaise situation.
*J'ai quitté mon appartement pour acheter un studio, mais au dernier moment, le propriétaire a changé d'avis et refuse de vendre. Je ne sais plus où habiter, je **suis frais** !*

Variante : **me (te, le) voilà frais !**

(Être assis) entre deux chaises : être dans une situation de choix difficile.
*C'est un grand ami, mais je sais qu'il ne réussira pas dans ce travail. Il m'a demandé de le recommander. J'hésite, je **suis assis entre deux chaises**.*

Variante populaire : **avoir le cul entre deux chaises.**

Être dans de beaux draps : être dans une situation fâcheuse.
*Christian s'est fait voler sa carte bleue à l'étranger, il est à cent kilomètres du consulat le plus proche et il n'a pas un euro sur lui. Il **est dans de beaux draps**.*

Au contraire : **être dans de sales draps.**

Se brûler les ailes : se retrouver dans une situation difficile.
*Si tu continues à spéculer au hasard, tu vas **te brûler les ailes**.*

Sale temps pour les mouches (familier) : se dit quand la situation devient difficile, dangereuse.
*Attention, voilà le surveillant général ! **Sale temps pour les mouches** !*

Être dans le même bateau : être dans la même situation, partager les mêmes difficultés.
*S'il y a une délocalisation, nous perdons tous les deux notre emploi. Nous **sommes dans le même bateau**.*

Être logé à la même enseigne : partager les mêmes inconvénients, les mêmes ennuis.
*À cause d'une grève, aucun avion ne décolle. Nous sommes des centaines à l'aéroport, tous **logés à la même enseigne**, à prendre notre mal en patience.*

Être dans la panade (familier) : être dans une très mauvaise situation.
*Cet ancien chanteur n'a plus de succès et il **est** maintenant **dans la panade**.*

Être (Se mettre, Se retrouver, etc.) dans le pétrin : avoir de très gros problèmes.
*Albert a perdu beaucoup d'argent au casino et maintenant il **est dans le pétrin**.*

Être dans la merde jusqu'au cou (populaire) : être dans une très mauvaise situation.
Jean-Christophe a des dettes partout et il vient de perdre son travail. **Il est dans la merde jusqu'au cou.**

Aller (Foncer) droit dans le mur : aller irrémédiablement vers une catastrophe.
*Si Régis continue à ignorer ses dettes, il **fonce droit dans le mur**.*

La fin des haricots : la fin de tout.
*Je n'ai plus d'argent et ma voiture vient de tomber en panne : cinq cents euros de réparation... **c'est la fin des haricots** !*

L'ÂGE

User ses fonds de culotte : passer du temps (à l'école par exemple) dans l'enfance.
*Hubert et Didier se connaissent depuis très longtemps. Ils **ont usé leurs fonds de culotte** dans la même école.*

L'âge bête : l'adolescence.
*Ma fille et ses copines éclatent de rire sans raison. C'est **l'âge bête**.*

Variante : **l'âge ingrat**.

Né de la dernière pluie (couvée) : jeune, inexpérimenté.
*Inutile de m'expliquer, je connais très bien le sujet, je ne suis pas **né de la dernière pluie**.*

Avoir vingt ans et toutes ses dents : être jeune et en bonne santé.
Je ne t'avais pas vu depuis si longtemps, quel âge as-tu maintenant mon petit Augustin ?
*– **Vingt ans et toutes mes dents** !*

À la fleur de l'âge : en pleine jeunesse.
*Mon jeune cousin est mort d'un accident de moto. Il nous a quittés **à la fleur de l'âge**.*

Avoir (Prendre) de la bouteille : être âgé, prendre de l'âge.
*Depuis qu'il commence à **prendre de la bouteille**, il s'oblige à faire un peu de sport tous les jours.*

Prendre un coup de vieux : vieillir brusquement.
*Je ne l'avais pas vue depuis cinq ans. J'ai eu du mal à la reconnaître, elle **a pris un** sacré **coup de vieux**.*

Retomber en enfance : devenir sénile.
*Je crois que mon grand-père a la maladie d'Alzheimer, il oublie tout, il **retombe en enfance**.*

Sucrer les fraises (familier) : être agité d'un tremblement, être sénile, gâteux.
*Le prof devrait penser à prendre sa retraite, il commence à **sucrer les fraises**.*

L'APPRENTISSAGE, LA FORMATION

En prendre de la graine : s'inspirer de quelqu'un ou quelque chose.
*Ton frère a de bonnes notes car il révise ses leçons tous les soirs ; tu devrais en **prendre de la graine**, toi qui passes ton temps à jouer !*

Marcher sur les traces de quelqu'un : faire la même chose que quelqu'un que l'on prend comme modèle.
*Maxime est un passionné d'aviation. Il **marche sur les traces de son père** qui était pilote.*

Se faire la main (sur quelque chose) : pratiquer, s'exercer à faire quelque chose pour s'y habituer.
*Avant d'avoir sa propre voiture, Greg **s'est fait la main sur** la vieille voiture de sa mère.*

Enfoncer quelque chose dans la tête de quelqu'un : lui faire apprendre quelque chose qu'il a du mal à retenir.
*Il a passé l'après-midi avec son fils à essayer de **lui enfoncer les tables de multiplication dans la tête**.*

On peut **se mettre quelque chose dans la tête** : s'efforcer de retenir quelque chose.

Apprendre (Se former, etc.) sur le tas : apprendre en travaillant.
*Lise n'a jamais appris la vente mais elle **apprendra sur le tas** dans la boutique.*

Être à bonne école : avec des gens capable de former, de servir d'exemple.
*Jacques s'initie à la photographie avec son oncle qui est un photographe très connu. Il **est à bonne école**.*

Être (Passer) maître en (dans) quelque chose (en la matière) : maîtriser parfaitement un sujet.
*Pour ton problème juridique, demande à Olivier, il **est maître en la matière**.*

L'ARGENT

▸ **Être riche**

Fils à papa : fils qui profite de la situation financière de son père.
*Guillaume a vingt ans, il étudie vaguement, il possède une voiture de sport et un bel appartement dans le centre ville. Ce **fils à papa** ne se refuse rien.*

Être né avec une cuiller (cuillère) d'argent dans la bouche : être né dans un milieu riche.
*À vingt-trois ans, Édouard est l'assistant du directeur. Il n'a pas fait d'études mais ça n'a pas d'importance, il **est né avec une cuiller d'argent dans la bouche**.*

La gauche caviar : des gens de gauche riches qui apprécient le luxe.

*Rémy et Colette habitent dans les beaux quartiers, ils passent leurs vacances aux Seychelles. Ils votent socialiste mais ils n'aiment pas qu'on les traite de **gauche caviar**.*

Avoir du foin dans ses bottes : avoir beaucoup d'argent.
*Roland vient de recevoir un gros héritage. Il **a du foin dans ses bottes**.*

Avoir du bien au soleil : être riche (avoir des propriétés : terres, bâtiments).
*Quentin s'est encore acheté un appartement à Nice et un terrain en Provence. **Il a du bien au soleil**.*

Être cousu d'or (plein aux as) (familier) : être très riche.
*Il a fait fortune dans l'immobilier, il est **cousu d'or**.*

Rouler sur l'or : être très riche.
*Je comprends pourquoi Marie-Chantal ne travaille pas : avec son mari, ils **roulent sur l'or**.*

L'expression est souvent à la forme négative : *Léo doit travailler pendant ses études, ses parents **ne roulent pas sur l'or**.*

Riche comme Crésus : extrêmement riche.
*Mireille passe son temps dans les boutiques de luxe. Elle achète tout ce qu'elle veut. Elle peut se le permettre, son mari est **riche comme Crésus**.*

Crésus était un roi célèbre pour sa richesse, au VIe siècle avant J.-C.

▸ Être pauvre
Tirer le diable par la queue (familier) :
avoir de la peine à trouver de quoi vivre.
*Quand Théo était étudiant, il **tirait le diable par la queue**. Il lui est souvent arrivé de ne faire qu'un repas par jour.*

Être fauché comme les blés : être sans argent.
*Désolé, je ne peux pas te prêter d'argent, je suis **fauché comme les blés**.*

Tirer le diable par la queue

Être à la côte : ne pas avoir d'argent.
*Désolé, je ne peux pas t'accompagner au restaurant, je **suis à la côte**. Mais si tu m'invites…*

Être criblé de dettes : avoir beaucoup de dettes.
*Yvonne s'est résolue à demander une aide financière à ses parents. Elle ne peut plus payer son loyer et elle **est criblée de dettes**.*

Être sur la paille : ne plus avoir d'argent.
*Robin a dépensé tellement d'argent pour sa moto que maintenant, **il est sur la paille**.*

Ne pas avoir un rond (familier) : ne pas avoir d'argent.
*J'aurais bien voulu une petite bière mais je **n'ai pas un rond**.*

En français familier « ne » est souvent omis : **J'ai pas un rond.**

Être sans le sou : ne pas avoir d'argent.
*Quand on **est sans le sou**, on est rarement heureux.*

Être à sec : ne plus avoir d'argent.
*On va au ciné ? – Je peux pas, je **suis à sec**.*

Faire la manche : mendier.
*Les mendiants se mettent souvent à la sortie des églises pour **faire la manche**.*

▷ Gagner de l'argent

Faire bouillir la marmite : apporter l'argent dans la famille.
*Paul est au chômage ; c'est sa femme qui **fait bouillir la marmite**.*

Mettre du beurre dans les épinards : améliorer les conditions ordinaires d'existence, gagner un peu plus d'argent.
*Le professeur donne des cours particuliers après ses classes. **Ça met du beurre dans les épinards**.*

Faire ses choux gras de quelque chose : faire son profit de quelque chose.
*De ses voyages à Cuba, Jane rapporte toujours des cigares qu'elle revend avec un gros bénéfice. Elle **fait ses choux gras de ce petit trafic**.*

Faire son beurre : faire du profit, gagner beaucoup d'argent.
*Il a investi assez tôt dans l'immobilier. Je peux te dire qu'il **a fait son beurre**.*

Se remplir les poches : amasser beaucoup d'argent.
*Pendant l'été, les Martin ont loué leur bateau très cher et ils **se sont rempli les poches**.*

Se faire des couilles en or (vulgaire) : gagner beaucoup d'argent.
*Mon frère a inventé un nouveau logiciel qui a beaucoup de succès. Il **se fait des couilles en or**.*

▷ Perdre de l'argent, difficultés financières

Y être (En être) de sa poche : devoir payer quelque chose que l'on ne devait pas payer.
*Comme tout le monde avait oublié son porte-monnaie, j'**y ai été de ma poche**.*

Laisser (Perdre) des plumes : perdre de l'argent dans une affaire.
Justin a investi dans une mauvaise affaire, ce n'est pas catastrophique mais il y a laissé des plumes.

Se serrer (Se mettre) la ceinture (Faire ceinture) : se priver (de manger ou d'autre chose).
Pour payer leur appartement, Lise et Clément ont dû se serrer la ceinture pendant des années.

Se saigner aux quatre veines : faire d'énormes sacrifices, des privations.
Ses parents se sont saignés aux quatre veines pour qu'il fasse un master aux États-Unis.

Gratter (Racler) les fonds de tiroir : prendre tout l'argent disponible jusqu'au dernier centime.
La fin de mois a été très difficile financièrement. Pour payer mon loyer, j'ai dû gratter les fonds de tiroir.

Couper les vivres à quelqu'un : arrêter de lui donner de l'argent pour vivre.
Les Dumas n'en peuvent plus d'avoir leur fils de trente ans qui vit à la maison. Ils vont lui couper les vivres.

Un salaire de misère (de famine) : très petit salaire, salaire insuffisant.
C'est absolument impossible de vivre décemment avec ce salaire de misère.

Traîner la savate : vivre très pauvrement.
Avant, Joseph vivait sans compter ses dépenses et maintenant, il traîne la savate.

Tirer la langue : avoir de grosses difficultés matérielles, financières.
Chaque mois, Hervé doit rembourser les traites de sa maison, il tire la langue.

C'est une période de vaches maigres : une période de pauvreté.
Les Trichet ne sortent plus depuis des mois. C'est une période de vaches maigres pour eux.

Prendre une culotte : avoir une perte d'argent importante au jeu.
Cédric est allé jouer au casino. La chance n'était pas avec lui et il a pris une culotte mémorable.

Boire (Prendre) un bouillon (familier) : perdre beaucoup d'argent (spéculations par exemple).
Si tu continues à spéculer imprudemment, tu risques de prendre un bouillon.

Un chèque en bois : un chèque sans provision.
Le restaurant n'accepte plus les chèques. Trop de clients ont fait des chèques en bois.

Mettre quelque chose au clou : mettre en gage.
*Comme elle n'avait plus d'argent, elle est allée **mettre ses bijoux au clou**.*

Retirer (Ôter) le pain de la bouche à (de) quelqu'un : le priver du nécessaire.
*Les syndicats assurent que les nouvelles lois **ôteront le pain de la bouche des ouvriers**.*

Saigner quelqu'un à blanc : soutirer à quelqu'un tout ce qu'il a.
*Jean a fait de mauvais investissements. La banque lui a tout pris. Elle **l'a saigné à blanc**.*

▸ **Dépenser de l'argent**
Sans bourse délier : sans payer, sans dépenser de l'argent.
*Faire de l'autostop est un bon moyen pour voyager **sans bourse délier**.*

Faire quelque chose aux frais de la princesse : sans payer, aux frais de la collectivité.
*J'ai accompagné ma femme qui avait une réunion à Madrid, on y **est restés** trois jours **aux frais de la princesse**.*

Se payer le luxe de faire quelque chose : faire une dépense (une chose) coûteuse et exceptionnelle.
*Mes parents **se sont payé le luxe de prendre** six mois de vacances aux Antilles.*

L'expression s'utilise dans d'autres contextes que l'argent, au sens figuré : *Il s'est payé le luxe de dire non à son patron.*

Ce n'est pas du luxe : c'est une chose nécessaire, non superflue (parfois ironique).
*Régis a enfin changé jeté son vieux pull troué et en a acheté un neuf ! **Ce n'est pas du luxe**.*

Payer rubis sur l'ongle : payer d'un coup la totalité de la somme due.
*L'homme qui a racheté la voiture de Fabien **a payé rubis sur l'ongle**.*

Payer en monnaie de singe : en fausse monnaie, en monnaie sans valeur.
*N'acceptez pas de règlements en espèces, vous risquez d'être **payé en monnaie de singe**.*

Jeter l'argent par les fenêtres : être dépensier.
*C'est normal qu'au milieu du mois il n'ait plus un sou, il **jette l'argent par les fenêtres**.*

Mener grand train : avoir une vie luxueuse.
*Les nouveaux riches **mènent** souvent **grand train** et sont mal vus des autres.*

Faire un grand tralala (familier) : faire quelque chose de cher, luxueux, impressionnant (fête, etc.).
*Pour ses soixante ans, Alan **a fait un grand tralala** avec un orchestre et des serveurs en gants blancs.*

Un panier percé : quelqu'un qui dépense trop d'argent.
*Marie a toujours des fins de mois difficiles car c'est **un** vrai **panier percé**.*

Brûler la chandelle par les deux bouts : gaspiller son argent, sa santé.
*À quarante ans, Simon est pauvre et en mauvaise santé. Ce n'est pas étonnant, **il a brûlé la chandelle par les deux bouts**.*

Une croqueuse de diamants : femme qui dilapide la fortune de ses amants.
*Roger n'a pas eu de chance. Il a rencontré une femme qui l'a ruiné en un an, **une** vraie **croqueuse de diamants**.*

Manger son blé en herbe : dépenser, dilapider son capital.
*En deux ans, il a dépensé tout l'argent qu'il avait hérité de ses parents. Il **a mangé son blé en herbe**.*

▶ Gérer, économiser

Joindre les deux bouts : équilibrer son budget.
*J'ai beau être très économe, je n'arrive pas à **joindre les deux bouts**.*

Le nerf de la guerre : l'argent (comme élément principal d'un conflit).
*Pour le divorce, ils étaient d'accord sur tout sauf sur le montant de la pension alimentaire ; l'argent, c'est toujours **le nerf de la guerre**.*

Ne pas mettre tous ses œufs dans le même panier : ne pas mettre tout son argent, ou ses biens sur une même affaire.
*Si tu veux investir en bourse, n'oublie pas qu'il **ne faut pas mettre tous ses œufs dans le même panier**.*

Tenir les cordons de la bourse : contrôler l'argent.
*Chez Alban, c'est lui qui gagne de l'argent mais c'est elle qui **tient les cordons de la bourse**.*

Relever les compteurs : contrôler une recette.
*Tous les soirs, le gérant du supermarché vient **relever les compteurs** aux caisses.*

Se dit aussi d'un proxénète qui contrôle les gains d'une prostituée.

Mettre de côté : économiser.
*Léonard ne dépense que la moitié de son salaire. Il **met de côté** l'autre moitié pour s'acheter une voiture.*

Un bas de laine : les économies.
*Depuis le temps que tu économises, tu dois avoir **un** fameux **bas de laine**.*

Des économies de bouts de chandelles : de toutes petites économies.
Jean-Paul est capable de faire un kilomètre pour trouver une baguette 5 centimes moins chère.
Il se fatigue beaucoup pour des économies de bouts de chandelle.

▶ Coûteux
Une paille ! (familier) : ce n'est pas rien, c'est énorme.
Arthur doit rembourser cinquante mille euros à la banque avant décembre. – Une paille !

Coûter bonbon (familier) : coûter cher.
Melissa aimerait habiter au centre ville, mais ça coûte bonbon et elle n'a pas les moyens.

Le coup de fusil : addition très élevée (hôtel ou restaurant)
Hier j'étais dans un restaurant chic. Le menu est bon mais c'est le coup de fusil : l'eau minérale est plus chère qu'un bon vin dans un restaurant normal.

Variante : **coup de barre** ou **coup de bambou**.

Coûter la peau des fesses (du cul) (populaire) : coûter très cher.
J'aimerais bien installer l'air climatisé mais je n'en ai pas les moyens. Ça coûte la peau des fesses.

Coûter les yeux de la tête : coûter extrêmement cher.
Linda, tu as acheté les chaussures qu'on a vues hier ? – Non, elles coûtent les yeux de la tête.

▶ Gratuit, bon marché
Faire (Avoir) quelque chose à l'œil : faire (avoir) quelque chose gratuitement.
Les deux jeunes sont montés dans le train sans billets pensant voyager à l'œil mais le contrôleur leur a donné une amende.

Faire (Avoir) quelque chose pour pas un rond (familier) : gratuitement.
Tu l'as payé combien ton manteau ? – Je l'ai eu pour pas un rond au Secours Populaire.

Ça ne mange pas de pain (familier) : ça ne coûte rien (argent ou effort).
Je vais remplir ce formulaire pour recevoir des informations, ça ne mange pas de pain.

Pour une bouchée de pain : pour très peu d'argent.
Ce tableau ne m'a pas coûté cher, je l'ai eu pour une bouchée de pain.

Trois francs, six sous : une somme minime, très peu d'argent.
Cette boutique de mode pratique des prix exorbitants. Ce n'est pas là que tu trouveras une robe de trois francs, six sous.

LA CHANCE / LA MALCHANCE

▶ **La chance**

Être né coiffé (familier) : avoir de la chance.
*Tout lui réussit dans la vie, il n'a jamais rencontré un seul problème. Il **est né coiffé**.*

Avoir de la veine (du bol [familier], **du cul** [vulgaire]) : avoir de la chance.
*Sandra a gagné mille dollars dans une machine à sous à Las Vegas. Elle **a eu de la veine**.*

Pas de chance : **pas de bol.**

Une chance (Une veine) de cocu : une grande chance.
*À l'examen oral, il a été interrogé sur la seule question qu'il connaissait bien. Il a **une chance de cocu**.*

Tirer (Avoir tiré) le bon numéro : avoir eu beaucoup de chance dans son choix.
*Maryline s'est mariée avec un garçon charmant, elle **a** vraiment **tiré le bon numéro**.*

Gagner le gros lot : avoir une chance exceptionnelle.
*Tu as vu la nouvelle femme de Jean-Paul ? – Magnifique, il **a gagné le gros lot** !*

Au sens littéral, le gros lot est le premier prix de la loterie.

Les cinq lettres : euphémisme pour « merde ».
*En France, on ne dit pas « bonne chance », on dit **les cinq lettres**.*

Dire « Bonne chance » peut porter malheur. Il vaut mieux dire ; « Je vous (te) dis merde » ou
« Vous savez ce que je vous dis. (Tu sais ce que je te dis.) ».

▶ **La malchance**

Avoir (Porter) la guigne : avoir de la malchance ; porter malchance à quelqu'un.
*Le pauvre Jean a perdu son travail, sa femme vient de le quitter et sa maison vient d'être cambriolée. Il **a** vraiment **la guigne** en ce moment.*

Croiser les doigts : conjurer le mauvais sort.
*J'espère qu'à l'examen oral, on ne m'interrogera pas sur cette question. Je **croise les doigts**.*

Toucher du bois : conjurer le mauvais sort.
*Je n'ai jamais eu d'accident en voiture. Oh, oh, **je touche du bois**.*

Le fait de dire quelque chose risque de le provoquer. Pour conjurer le mauvais sort, on dit alors « je touche du bois » et on frappe un ou deux petits coups sur (ou on touche) quelque chose en bois (chaise, table, etc.).

LE DANGER

▸ **Les situations dangereuses**

Sentir le fagot : être suspect d'hérésie, inspirer de la méfiance, donner l'impression de danger.
*Dans ce monde politiquement correct, il vaut mieux éviter certains sujets. Ça **sent** vite **le fagot**.*

Tomber de Charybde en Scylla (recherché) : échapper à un danger pour tomber dans un danger plus grave.
*Kevin conduisait une voiture volée. À un barrage, il a voulu échapper à la police et a fait demi-tour sur l'autoroute. Un camion a percuté sa voiture et Kevin est dans le coma. Il **est tombé de Charybde en Scylla**.*

Une épée de Damoclès : danger imminent et constant.
*La menace de délocalisation est comme **une épée de Damoclès** sur la tête des ouvriers.*

▸ **Provoquer le danger**

Se mettre (Se jeter) dans la gueule du loup : se mettre seul dans un danger.
*Louis **s'est jeté dans la gueule** du loup en investissant dix mille euros dans une fausse société.*

Laisser (Faire) entrer le loup dans la bergerie : laisser (faire) entrer quelqu'un dans un lieu où il peut être dangereux pour les autres.
*Lorsque le représentant du parti d'extrême droite est arrivé, la réunion est devenue houleuse, et tous ont regretté d'avoir **laissé entrer le loup dans la bergerie**.*

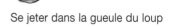

Se jeter dans la gueule du loup

Prêter le flanc à quelque chose :
s'exposer à quelque chose de pénible ou de dangereux.
*Votre comportement doit être irréprochable et en aucun cas **prêter le flanc à la critique**.*

La politique de l'autruche : refuser de prendre conscience du danger.
*Le directeur savait bien que la banque était dans une mauvaise situation. Au lieu d'entreprendre des réformes, il a préféré faire **la politique de l'autruche**.*

On peut aussi **faire l'autruche** : refuser d'affronter la réalité.

Jouer avec le feu : jouer avec le danger, être imprudent.
*Si tu continues à voler dans des magasins équipés de caméras de surveillance, tu vas te faire prendre. Tu **joues avec le feu.***

Travailler sans filet : prendre des risques, sans se ménager une position de repli.
*Votre mission sera d'infiltrer un réseau de terroristes. Vous **travaillerez sans filet**. Si vous êtes démasqué, nous nierons toute participation à cette opération.*

▸ Échapper au danger
S'en tirer à bon compte : sans trop de dommages.
*Sandra ne s'est pas arrêtée à un feu rouge. L'agent de police s'est contenté de la réprimander. Elle **s'en tire à bon compte**.*

Sauver les meubles : sauver le plus important de quelque chose qui est en péril.
*Jules a vendu ses actions avant la chute complète de la bourse, il a perdu de l'argent mais il **a sauvé les meubles**.*

Revenir de loin : être passé très près d'un grave danger.
*L'automobiliste a eu un problème de freins mais il a réussi à arrêter la voiture à quelques centimètres du ravin. On peut dire qu'il **revient de loin**.*

L'échapper belle : échapper de peu à un grand danger.
*Le cambrioleur a failli se faire surprendre, il **l'a échappé belle**.*

LA DÉGRADATION ET LA DESTRUCTION

Partir en vrille (familier) : se dit d'une situation qui se dégrade brusquement.
*La discussion était vive et après un quart d'heure, c'**est parti en vrille** et il y a eu une bagarre générale.*

Tourner (au) vinaigre : se dit d'une situation qui se dégrade subitement.
*Séparons Audrey de Jérémie, sinon la discussion va **tourner vinaigre**.*

Avoir fait son temps : être très usé, devenu inutile.
*Mon téléphone portable **a fait son temps**, il faut que j'en achète un nouveau.*

Tomber en quenouille : être en état d'abandon, en mauvais état.
*Le vieux sac de voyage de Mathilde a fait le tour du monde. Il **tombe en quenouille**.*

Tomber en poussière : être complètement détruit.
*La petite cabane qu'on avait construite dans l'arbre **est tombée en poussière**.*

Tuer la poule aux œufs d'or : détruire par impatience la source de revenus futurs.
*S'il n'avait pas touché à son compte d'épargne, Georges aurait gagné un intérêt conséquent l'année prochaine. Il **a tué la poule aux œufs d'or**.*

Foutre en l'air (populaire) : détruire, démolir.
*Pendant que les parents étaient absents, les adolescents ont organisé une fête. Les parents sont rentrés plus tôt que prévu, ce qui a **foutu** l'ambiance **en l'air**.*

Mettre à sac : vider un endroit, prendre tout, piller.
*Les cambrioleurs **ont mis** la boutique de bijoux **à sac**.*

Voler en éclats : être totalement et brutalement détruit.
*Après l'explosion, les vitres de l'immeuble **ont volé en éclats**.*

L'expression s'utilise aussi au sens figuré pour une théorie, une explication, etc. :
*Sa démonstration **a volé en éclats**.*

Mettre à feu et à sang : détruire un pays (guerre), une ville.
*Des émeutiers **ont mis** la ville **à feu et à sang**.*

LES DIFFICULTÉS ET LES PROBLÈMES

▸ **Les difficultés**

Ça ne se trouve pas sous le pas (le pied, le sabot) d'un cheval : c'est une chose difficile à trouver.
*J'ai trouvé chez un bouquiniste une première édition de Jules Verne. **Ça ne se trouve pas sous le pas d'un cheval**.*

Tomber sur un bec : tomber sur une difficulté.
*Je croyais que cette traduction serait facile, mais je **suis tombé sur un bec**.*

Tomber sur un os (familier) : rencontrer une difficulté inattendue.
*L'examen de maths était facile mais dans l'exercice 4, Louis **est tombé sur un os** et il a eu une mauvaise note.*

Poser une colle : poser une question difficile.
*Quel est le passé simple du verbe « distraire » ? – Ah, là, tu me **poses une colle**.*

Donner sa langue au chat : s'avouer incapable de trouver une solution.
*Je ne trouve pas la solution de l'énigme. Je **donne ma langue au chat**.*

Se casser la tête : se donner beaucoup de mal.
*Le problème de mathématiques était très difficile. Je **me suis cassé la tête** pour trouver la solution.*

Variante en français populaire : **se casser le cul.**

Donner du fil à retordre : causer des soucis, des difficultés, donner du mal.
*J'ai réussi à trouver la solution du problème, mais ça m'**a donné du fil à retordre**.*

Avoir un mal de chien à faire quelque chose : avoir beaucoup de difficultés pour faire quelque chose.
*Cette traduction était vraiment difficile, j'**ai eu un mal de chien à la faire**.*

Ça fait un mal de chien : ça fait très mal.

Se creuser la tête (la cervelle) : chercher avec difficulté.
*Herbert **s'est creusé la cervelle** en vain pour trouver la solution de l'énigme.*

Mettre des bâtons dans les roues : susciter des difficultés à quelqu'un.
*Ses collègues font tout pour qu'il échoue. Ils n'arrêtent pas de lui **mettre des bâtons dans les roues**.*

Tailler des croupières à quelqu'un : susciter des difficultés, faire obstacle à des projets.
*Thierry essaie de faire connaître son nouveau produit, mais ses concurrents **lui taillent des croupières**.*

Une croupière est une courroie de cuir que l'on passe sous la queue d'un cheval.

Laisser quelqu'un (mariner) dans son jus : le laisser dans une situation difficile, créée par lui-même.
*Ma fille boude car elle est punie. Je vais **la laisser dans son jus** quelques heures pour qu'elle réfléchisse et ensuite j'irai lui parler.*

Se noyer dans un verre d'eau : être incapable de résoudre le plus petit problème, être arrêté par la première difficulté.
*Il y a eu un petit problème au bureau. Ce pauvre Émile n'a pas su y faire face. Tu le connais, tu sais bien qu'il **se noie dans un verre d'eau**.*

▸ Les problèmes et les ennuis

Il va arriver des bricoles à quelqu'un (familier) : il va lui arriver des ennuis.
*Continue à faire l'imbécile et **il va t'arriver des bricoles** !*

Pendre au nez (de quelqu'un) (familier) : arriver à quelqu'un (des problèmes).
*Si Éva ne révise pas plus pour son bac, elle va encore le rater, ça **lui pend au nez**.*

Mettre (Foutre [populaire]) la zone (familier) : créer des problèmes.
*Des jeunes sont venus hier soir **mettre la zone** dans notre quartier.*

Faire des vagues : faire des histoires, sortir du droit chemin.
*Nous avons gardé mon neveu Jordan qui est toujours turbulent et insupportable mais ce week-end, il n'**a pas fait de vagues**.*

Lever (Soulever) un lièvre : évoquer un problème que personne n'avait vu.
*En parlant de pollution de la rivière du village, le candidat à la mairie **a soulevé un lièvre**.*

Laver son linge sale en famille : garder ses problèmes pour soi et ses proches.
*Arrêtons de nous disputer devant tout le monde ! – Tu as raison, il faut **laver son linge sale en famille**.*

Aux grands maux les grands remèdes : utiliser de grands moyens pour résoudre un gros problème.
Mon chauffage ne marche plus, alors j'ai tout jeté et acheté un chauffage ultra moderne.
***Aux grands maux les grands remèdes** !*

▸ Résister
Tenir bon : résister, avoir du courage.
*Allez Bruno, **tiens bon**, encore trois kilomètres et tu auras fini ton marathon.*

Tenir le coup : résister, supporter.
*Cela fait dix jours que j'ai arrêté de fumer. – Ce n'est pas trop difficile ? Tu **tiens le coup** ?*

L'INTÉRÊT ET L'INDIFFÉRENCE
▸ L'intérêt
Avoir (Prendre) quelque chose à cœur : prendre intérêt à quelque chose.
*Cet enseignant fait tout pour que ses élèves réussissent. Il **prend à cœur** leur avenir.*

Se piquer au jeu : commencer à s'intéresser à quelque chose.
*Au début, ma grand-mère n'aimait pas trop communiquer par Internet mais maintenant, elle **s'est piquée au jeu** et m'envoie des dizaines d'e-mails.*

Faire couler beaucoup d'encre : intéresser et provoquer de nombreuses réactions, de nombreux commentaires.
*Les amours du président avec une actrice ont **fait couler beaucoup d'encre**.*

Tenir à quelque chose comme à la prunelle de ses yeux : tenir énormément à quelque chose.
*Ne casse pas cette coupe qui me vient de ma grand-mère, j'y **tiens comme à la prunelle de mes yeux**.*

En vouloir à quelque chose : désirer obtenir quelque chose qui ne nous appartient pas.
*Méfiez-vous Hubert, je crois que cette jeune fille **en veut à votre argent**.*

▸ L'indifférence
Laisser froid : laisser indifférent.
*Vladimir ne s'intéresse absolument pas à la politique, ça le **laisse** complètement **froid**.*

N'en avoir rien à branler (vulgaire) : s'en moquer, être indifférent.
Toute cette histoire ne me concerne pas. **J'en ai rien à branler** *!*

Se moquer (Se ficher, Se foutre [familier]**) du monde** : ne pas se préoccuper des autres.
Monsieur, vous garez votre voiture devant mon garage, **vous vous moquez du monde** *!*

N'en avoir rien à cirer (familier) : s'en moquer, être indifférent.
Ce n'est pas la peine de parler de football à Danielle, elle n'y connaît rien et surtout elle **n'en a rien à cirer.**

S'asseoir dessus (familier) : s'en moquer complètement.
Vos remarques négatives ne m'atteignent pas, je **m'assois dessus.**

C'est le cadet de mes soucis : cela ne m'importe absolument pas.
Que le président divorce ou qu'il ne divorce pas m'est complètement indifférent. **C'est le cadet de mes soucis.**

Ça (pronom) fait une belle jambe ! (familier) : cela (pronom) est complètement égal.
Tu sais que ton ancien fiancé vient de se marier ? – **Ça me fait une belle jambe !**

S'en moquer comme de sa première chemise (culotte) : n'accorder aucun intérêt à quelque chose.
Carlos essaie d'expliquer à Norbert les problèmes politiques de son pays. Norbert ne s'intéresse absolument pas à la politique, il **s'en moque comme de sa première chemise.**

Laisser courir (familier) : ne pas s'occuper de quelque chose.
Cette histoire ne te concerne pas, tu n'as rien à gagner à t'y mêler. **Laisse courir.**

Variante populaire : **laisser pisser.**

Renvoyer dos à dos : refuser de privilégier, de donner l'avantage à l'un ou à l'autre.
Les deux élèves s'accusaient mutuellement. Le professeur les **a renvoyés dos à dos** *et les a punis tous les deux.*

S'en laver les mains : ne pas se sentir concerné par quelque chose.
Hélène a appelé pour te faire des excuses. – **Je** **m'en lave les mains** *!*

S'en moquer comme de l'an quarante : s'en moquer complètement.
Que ce soit la droite ou la gauche qui gagne les élections m'est complètement indifférent. **Je m'en moque comme de l'an quarante.**

S'en tamponner le coquillard (familier) : s'en moquer complètement.
*Je n'aime pas le foot. Alors que ce soit le PSG ou l'OM qui gagne le match, je **m'en tamponne** **le coquillard.***

Ça glisse comme sur les plumes d'un canard : ça ne touche pas, ça ne laisse aucune trace psychologique.
*Le père essaie de faire comprendre à son fils adolescent l'importance de bien étudier, mais **ça** **glisse** sur lui **comme sur les plumes d'un canard.***

▶ Le manque d'intérêt, le manque d'importance
Ne pas courir après quelqu'un ou quelque chose : ne pas rechercher, ne pas être intéressé.
*Même si son salaire est modeste, Fabien s'en contente. **Il ne court pas après l'argent.***

Avoir d'autres chats à fouetter : avoir d'autres préoccupations plus importantes.
*Laisse-moi tranquille avec ton problème qui n'est pas très grave, j'**ai d'autres chats à** **fouetter.***

Il n'y a pas de quoi fouetter un chat : cela n'a pas beaucoup d'importance.
*Ce qu'il a fait n'est pas bien grave. **Il n'y a pas de quoi fouetter un chat.***

Ne faire ni chaud ni froid : ne pas avoir d'importance.
Vous croyez que j'accorde de l'importance à ce que vous pensez de moi ? Détrompez-vous, cela *ne me **fait ni chaud ni froid.***

Le jeu n'en vaut pas la chandelle : cela n'en vaut pas la peine.
Changer de travail, travailler beaucoup plus pour un salaire un tout petit peu plus élevé ? Non *merci, **le jeu n'en vaut pas la chandelle.***

Prendre (Faire) quelque chose à la légère : ne pas donner assez d'importance à quelque chose.
*Thierry a perdu son travail mais il ne semble pas affecté, il **prend ça à la légère.***

N'en avoir rien à faire (familier) : n'être pas du tout intéressé.
*Sylvie veut prendre ma place ? Je **n'en ai rien à faire.***

De nombreux verbes peuvent remplacer faire : **battre, cirer, secouer, foutre, etc.** (familier)

Ce ne sont pas mes oignons : ce ne sont pas mes affaires.
*Ne me raconte pas ta vie privée, **ce ne sont pas mes oignons.***

On peut aussi dire à quelqu'un : **Occupe-toi de tes oignons !**

S'occuper de ses fesses (populaire) : s'occuper de ses affaires.
*Cette histoire ne te concerne en rien, **occupe-toi de tes fesses**.*

De la petite bière : quelque chose qui n'est pas important.
*À trente ans, il vient de gagner son premier million d'euros. Ce n'est pas **de la petite bière**.*

Cette expression est souvent à la forme négative.

Passer quelque chose à l'as : ne pas tenir compte de quelque chose.
*Mon projet n'a pas été retenu, il n'a même pas été proposé. On **l'a passé à l'as**.*

▸ Le manque de considération
Courir les rues : être courant, fréquent, ordinaire.
*Des vêtements de luxe à bon marché, ça **ne court pas les rues**.*

L'expression est fréquemment utilisée à la forme négative.

Compter pour du beurre : ne pas être pris en considération.
*Laisse ton petit frère participer à notre match de foot. On le mettra dans un coin, il **comptera pour du beurre**.*

Être la cinquième roue du carrosse (de la charrette) : une personne inutile dans un projet.
*Personne n'informe Rose sur les nouveaux projets de l'entreprise. Elle dit qu'elle **est la cinquième roue du carrosse**.*

Traiter quelqu'un (quelque chose) en (comme une) quantité négligeable : traiter sans considération.
*Élodie **a traité** pendant toute la soirée **son copain en quantité négligeable**.*

Faire tapisserie : être ignoré pendant une réunion, une fête, etc.
*Les plus jolies filles ne **font** jamais **tapisserie** en discothèque.*

LA LIBERTÉ, L'INDÉPENDANCE / LA DÉPENDANCE
Être libre comme l'air : entièrement libre.
*Il n'a pas de femme, pas d'enfants et il a assez d'argent pour ne pas avoir besoin de travailler : il est **libre comme l'air**.*

Être majeur et vacciné : être assez adulte pour prendre ses décisions soi-même.
*Ma tante insiste pour m'accompagner en discothèque. Mais je n'ai pas besoin d'elle, je **suis majeur et vacciné**.*

Jeter son bonnet par-dessus les moulins : perdre toute retenue, agir librement sans se soucier de l'opinion des autres.
*Lorsqu'elle habitait chez ses parents, elle n'osait rien faire. Depuis qu'elle est étudiante et qu'elle habite seule, elle **a jeté son bonnet par-dessus les moulins**.*

Laisser la bride sur le cou de quelqu'un : laisser entière liberté à quelqu'un.
*Depuis que ma fille a dix-huit ans, je ne contrôle plus ses sorties. Je **lui laisse la bride sur le cou**.*

Variante : **lâcher la bride à quelqu'un**.

Donner (Laisser) carte blanche à quelqu'un : laisser à quelqu'un toute liberté pour entreprendre quelque chose.
*Camille veut refaire son appartement. Elle n'a pas le temps de s'en occuper. Elle **laisse carte blanche au décorateur**.*

Avoir (Laisser) le champ libre : avoir, laisser toute liberté pour agir.
*Le directeur de la galerie **a laissé le champ libre** à l'artiste pour qu'il organise son exposition.*

Avoir (Laisser) les coudées franches : avoir (laisser) une entière liberté d'action.
*Je suis d'accord pour réorganiser tout le service. Mais attention, j'exige que vous me **laissiez les coudées franches**.*

Avoir (Donner, Recevoir) le feu vert : l'autorisation, la liberté d'agir.
*Le laboratoire **a reçu le feu vert** pour la commercialisation du nouveau médicament.*

Montrer patte blanche : avoir une autorisation pour entrer quelque part.
*Pour rentrer dans ce club très sélect, il faut **montrer patte blanche**.*

Avoir un fil à la patte (familier) : être tenu par un engagement dont on voudrait se libérer.
*Alice aimerait changer d'éditeur, mais elle **a un fil à la patte** : elle a signé un contrat d'exclusivité pour encore deux ans.*

Être pieds et poings liés : ne pas pouvoir agir librement.
*Mario a signé un contrat d'exclusivité et il **est pieds et poings liés**.*

LA MALADIE

▸ Ne pas être en bonne santé

Souffler comme un phoque (un bœuf, une forge) : respirer très fort et bruyamment.
*Vincent n'est pas très sportif. Il a monté trois étages et il **souffle comme un phoque**.*

Avoir une fièvre de cheval : avoir une très forte fièvre.
*Jean est sorti sous la pluie sans se couvrir. Ce matin, il **a une fièvre de cheval**, il n'ira pas à l'école.*

Malade comme un chien : très malade.
*Alex a passé ses vacances dans un pays tropical, il a attrapé un virus et a été **malade comme un chien**.*

Être mal en point : être en très mauvaise condition physique.
*Le chien s'est fait renverser par une voiture, il n'est pas mort mais il **est mal en point**.*

Un cadavre ambulant : personne affaiblie, pâle et maigre.
*Je crois qu'il est très malade. Je l'ai vu hier, c'est **un vrai cadavre ambulant**.*

▸ Les maladies ou infirmités
Avoir un point de côté : avoir une douleur sur le côté quand on a trop couru.
*Les coureurs doivent apprendre à continuer à courir même s'ils **ont un point de côté**.*

Être myope comme une taupe : avoir une grosse déficience visuelle.
*Jérôme porte des lunettes à verres très épais car il **est myope comme une taupe**.*

Ne pas avoir le pied marin : être malade en bateau.
*Ça te dirait un petit tour en bateau ? – Non, tu sais bien que je **n'ai pas le pied marin**.*

Être dur d'oreille (de la feuille) (familier) : un peu sourd.
*Parle un peu plus fort à ma grand-mère, elle est un peu **dure de la feuille**.*

Être sourd comme un pot : avoir de grosse difficulté d'audition.
*Il faut crier pour parler à Lucien, il **est sourd comme un pot**.*

▸ La folie
Avoir un (le) coup de bambou : être frappé d'un accès de folie, un comportement bizarre.
*Il a brusquement commencé à se comporter bizarrement. Il a dû **avoir un coup de bambou**.*

Un coup de bambou peut aussi être un coup de fatigue.

Perdre la tête : devenir fou.
*Un homme **a perdu la tête** et a menacé avec un fusil plusieurs personnes dans la rue.*

Perdre la boule : devenir fou, déraisonner.
*Tu dis n'importe quoi. Tu es en train de **perdre la boule**.*

> La nausée

Avoir mal au cœur (Avoir la gerbe [familier]) : avoir des nausées.
*Aujourd'hui, Ariane n'arrête pas d'**avoir mal au cœur**. Elle a déjà vomi deux fois ce matin.*

Retourner le cœur : provoquer la nausée.
*J'hésite à mettre mon fils sur ce manège. Ça va trop vite et j'ai peur que ça lui **retourne le** **cœur**.*

Avoir le cœur (Être, Se sentir) barbouillé : avoir des nausées.
*Je n'aurais pas dû mélanger la bière et le coca, j'**ai le cœur barbouillé**.*

Avoir le cœur au bord des lèvres : être prêt à vomir.
*Arrête la voiture immédiatement, je crois que je vais vomir, j'**ai le cœur au bord des lèvres**.*

Vomir tripes et boyaux (familier) : beaucoup vomir.
*Franck n'aurait pas dû mélanger les boissons alcoolisées, il **a vomi tripes et boyaux**.*

> S'évanouir

Tourner de l'œil (familier) : s'évanouir.
*Il fait trop chaud dans ce bus, je vais **tourner de l'œil**.*

Tomber dans les pommes : s'évanouir.
*Une femme **est tombée dans les pommes** dans le métro, il a fallu appeler les pompiers.*

Tomber comme des mouches : mourir, s'évanouir massivement.
*Pendant le concert, beaucoup de gens se sentaient mal à cause de la chaleur, ça **tombait** **comme des mouches**.*

> La douleur

Avoir (+ partie du corps) en marmelade : fatigué, douloureux (souvent les pieds).
*On a marché tout l'après-midi dans Paris, on **a les pieds en marmelade**.*

Ne pas être à la noce (familier) : être dans une situation difficile, souffrir.
*Geneviève a des douleurs terribles dans le dos, elle **n'est pas à la noce** !*

Se tordre comme un ver : bouger son corps dans tous les sens à cause de la douleur par exemple.
*L'enfant ne veut pas rester dans les bras de sa mère, il **se tord comme un ver**.*

> Les soins, la guérison, le repos, le rétablissement

Un remède de cheval : un remède très énergique.
*Henri est malade. Il doit passer un examen après-demain. Le médecin lui a donné **un remède** **de cheval** pour qu'il soit en forme pour l'examen.*

Passer sur le billard (familier) : se faire opérer.
*Bernard rentre en clinique ce soir et **passe sur le billard** demain matin.*

Un pansement sur une jambe de bois : une mesure complètement inutile, un remède inefficace.
*Vous n'allez pas soigner cette maladie grave par des séances de relaxation ! Ce **serait un pansement sur une jambe de bois**.*

Variante : **un cataplasme sur une jambe de bois.**

Se mettre au vert : aller à la campagne pour se reposer.
*La vie parisienne est très stressante et cela fait du bien de **se mettre au vert**.*

Être sur pied : être en bonne forme après avoir été malade ou blessé.
*Après son accident et trois semaines d'hôpital, Jean-Paul **est** maintenant **sur pied**.*

Un pansement
sur une jambe de bois

LA MORT

▸ Avant la mort

Avoir l'âme chevillée au corps : avoir une grande vitalité et lutter avec succès contre la mort.
*Il a 80 ans, il a eu deux crises cardiaques et il continue à être très actif. Il **a l'âme chevillée au corps**.*

Creuser sa fosse (sa tombe) avec ses dents : avancer sa mort en mangeant trop.
*Elle mange trop, et surtout elle ne surveille pas son alimentation. Elle **creuse sa tombe avec ses dents**.*

Sentir le sapin : se dit quand la mort de quelqu'un est proche.
*Ton vieux voisin va bien ? – Pas trop, ça **sent le sapin**.*

Avoir un pied dans la tombe : être sur le point de mourir.
*Tous disaient que le grand-père **avait un pied dans la tombe** mais il va beaucoup mieux et il est parti en vacances dans les Caraïbes.*

Être à l'article de la mort : être sur le point de mourir.
*Elle est décédée ce matin. Hier, les médecins avaient prévenu qu'elle **était à l'article de la mort**.*

Le chant du cygne : le dernier chef-d'œuvre d'un artiste (avant sa mort).
*Mozart a écrit un requiem qui fut son **chant du cygne**.*

▸ Mourir

Y passer (familier) : mourir.
*Quentin est tombé vraiment malade, il a failli **y passer**.*

Rendre le (son) dernier soupir : mourir.
*La doyenne des Français **a rendu son dernier soupir** à l'âge de 122 ans en 2007.*

Passer l'arme à gauche : mourir.
*Je vais à l'enterrement de son grand-père qui **a passé l'arme à gauche** il y a trois jours.*

Avaler son bulletin de naissance (familier) : mourir.
*La police a tiré sur le gangster. Ce dernier **a avalé son bulletin de naissance** pendant qu'il* était conduit à l'hôpital.

Avaler sa chique (familier) : mourir.
*Il a succombé à une crise cardiaque à quarante ans. C'est jeune pour **avaler sa chique**.*

La chique est un morceau de tabac que l'on mâche.

Casser sa pipe (familier) : mourir.
*Le clochard qui vivait dans notre rue a fini par **casser sa pipe**.*

Manger les pissenlits par la racine : être déjà mort.
*Qu'est-ce qu'il est devenu, le vieux vendeur de fleurs ? – Il y a longtemps qu'il **mange les pissenlits par la racine**.*

Rendre les derniers devoirs à quelqu'un : aller à son enterrement.
*L'artiste était bien oublié. Quand il est mort, peu de gens se sont déplacés pour **lui rendre les derniers devoirs**.*

Casser sa pipe

▸ Se suicider

Mettre fin à ses jours : se suicider.
*Il est si déprimé que j'ai peur qu'il **mette fin à ses jours**.*

Se foutre en l'air (populaire) : se suicider.
*Plutôt que de se laisser prendre vivant, l'espion a décidé de **se foutre en l'air** en avalant une capsule de cyanure.*

Se brûler la cervelle : se tirer une balle dans la tête.
Pour échapper aux poursuites judiciaires, l'homme d'affaires s'est brûlé la cervelle.

Se faire sauter le caisson (familier) : se tirer une balle dans la tête.
Il menace de se faire sauter le caisson si sa femme le quitte.

▶ Les morts violentes
Laisser quelqu'un sur le carreau : le laisser pour mort.
Deux bandes de jeunes se sont battues. La bagarre a laissé deux adolescents sur le carreau.

Faire la peau de quelqu'un (familier) : tuer quelqu'un.
Au début du film, y a un gangster qui fait la peau d'un flic (policier).

Éternuer dans le sac (dans le son, dans la sciure) : être guillotiné.
Danton et Robespierre ont tous les deux éternué dans le son.

Bouillon de onze heures : une boisson empoisonnée.
À l'époque de la Renaissance, chez les Borgia, il fallait se méfier des bouillons de onze heures.

Attention : **de onze heures** et non d'onze heures.

Tordre le cou : tuer, étrangler (une personne, une volaille, une idée, etc.).
*Qui a lancé le bruit que notre établissement n'était pas conforme aux normes de sécurité ?
Il faut immédiatement tordre le cou à cette rumeur.*

Une cravate de chanvre (familier) : corde de potence.
Les cow-boys ont décidé de pendre le voleur de chevaux. Ils lui ont passé autour du cou une cravate de chanvre.

Passer au fil de l'épée : tuer, massacrer.
Les soldats romains sont tombés dans une embuscade tendue par les Germains qui les ont tous passés au fil de l'épée.

Couler corps et biens : se dit d'un navire qui a coulé entraînant avec lui les marchandises et les personnes.
*À cause de la tempête, un chalutier a coulé corps et bien au large des côtes bretonnes.
Il n'y a aucun survivant.*

Variante : **être perdu (se perdre) corps et biens.**

LA RÉUSSITE ET L'ÉCHEC

▸ **La réussite, le succès**

Casser la baraque (familier) : remporter un succès triomphal.
*Le chanteur a eu dix rappels. Ce soir, **il a cassé la baraque**.*

Casser la baraque à quelqu'un : empêcher quelqu'un de réussir.

Faire des étincelles : réussir brillamment, accomplir un exploit.
*La nouvelle élève **fait des étincelles**. Elle a reçu les félicitations de tous les professeurs du collège.*

Faire un malheur : avoir un succès exceptionnel.
*Avec cette robe, tu vas **faire un malheur** à la fête ce soir.*

Avoir le vent en poupe : continuer à faire quelque chose avec de plus en plus de succès.
*Depuis plusieurs années, l'industrie du jouet **a le vent en poupe**.*

Redorer son blason : rétablir son prestige par une réussite.
*Après une saison sans éclat, il vient de remporter une compétition importante. Cela lui permet de **redorer son blason**.*

Décrocher la timbale (familier) : avoir obtenu quelque chose de très précieux.
*Avec son nouveau poste de directeur, Nassim **a décroché la timbale**.*

Ça passe ou ça casse : c'est un succès ou un échec total mais on ne peut pas l'éviter.
*J'ai un entretien pour parler de mon avenir dans l'entreprise, soit j'ai une promotion soit je suis licencié, **ça passe ou ça casse**.*

Reculer pour mieux sauter : attendre pour s'assurer un succès ou pour retarder un échec.
*Tu ne vends pas tes actions ? – Non, j'attends encore un peu. – Je comprends, c'est **reculer pour mieux sauter**.*

▸ **Abandonner**

Tirer l'échelle : inutile de continuer, d'insister.
*On n'y arrivera jamais. Il est préférable de **tirer l'échelle**.*

Les carottes sont cuites (familier) : tout est terminé, tout est perdu, on ne peut plus rien changer.
*La banque lui refuse un prêt et il vient de recevoir sa lettre de licenciement. Pour lui, **les carottes sont cuites**.*

Jeter l'éponge : renoncer, abandonner la lutte.
*Comprenant qu'il n'avait aucune chance d'être élu, il **a jeté l'éponge** et retiré sa candidature.*

Baisser les bras : abandonner la lutte, renoncer à l'action.
*Je n'arriverai jamais à prononcer l'anglais correctement. Je **baisse les bras**.*

▶ Échouer
Rester le bec dans l'eau : ne pas réussir, ne rien obtenir.
*Si tu continues à refuser toutes les propositions, on ne te proposera plus rien et tu vas **rester le bec dans l'eau**.*

Ramasser (Prendre, Se ramasser, se prendre) une gamelle (familier) : échouer, mais aussi tomber.
*Jean a ouvert une galerie d'art. Il **a pris une gamelle**, il a dû fermer au bout de quelques mois.*

(Se) prendre (Ramasser) une veste : subir un gros échec (électoral par exemple).
*Les partis de l'opposition ont du mal à se réunifier depuis qu'ils **ont pris une veste aux dernières élections**.*

(Se) ramasser (Prendre) une pelle (familier) : subir un échec mais aussi tomber.
*Victor **s'est ramassé une pelle** en spéculant imprudemment.*

Faire un four (un bide [familier]) : échouer, ne pas avoir de succès.
*Le public n'est pas venu très nombreux et les réactions sont plutôt négatives. J'ai peur que la pièce **fasse un four**.*

Cette expression s'emploie surtout pour les pièces de théâtre et les expositions.

L'avoir dans l'os (populaire) (**le cul** [vulgaire]) : ne pas réussir, échouer.
*Je croyais que j'avais le temps pour acheter un billet. Quand j'ai voulu le faire, l'avion était complet. Je **l'ai dans l'os**.*

Partir en couilles (vulgaire) : ne pas aboutir, finir n'importe comment.
*Je n'ai plus d'inspiration. Je n'arrive pas à terminer mon roman qui **part en couilles**.*

Être à (dans) l'eau (Tomber à l'eau) : échouer.
*Un collègue vient de tomber malade et je dois le remplacer. Mes vacances **sont à l'eau**.*

Tourner en eau de boudin (familier) : mal tourner, échouer progressivement.
*Le film commence bien, mais très vite l'intrigue devient invraisemblable et **tourne en eau de boudin**.*

S'en aller (Partir) en fumée : disparaître complètement (souvent à la suite d'un échec)
Alexandre a spéculé et a perdu toutes ses économies qui s'en sont allées en fumée.

Un coup d'épée dans l'eau : un acte inutile, sans effet.
J'ai écrit au percepteur pour demander un délai. Ça n'a servi à rien, ça n'a été qu'un coup d'épée dans l'eau.

Faire chou blanc : ne pas réussir.
Je pensais convaincre mon banquier de m'accorder un prêt, mais il a refusé. J'ai fait chou blanc.

Se casser les dents sur quelque chose : échouer, ne pas réussir à faire quelque chose
L'examen de mathématiques avait bien commencé mais Didier s'est cassé les dents sur la troisième question.

Faire contre mauvaise fortune bon cœur : ne pas se laisser abattre par les échecs.
Ce n'est pas dramatique si un éditeur a refusé ton roman, tu en trouveras bien un autre qui l'acceptera. Il faut faire contre mauvaise fortune bon cœur.

Rester sur le carreau : être hors course, hors jeu, ne plus être important, ne plus compter.
Tous ses collègues ont une promotion et de nouvelles responsabilités. Lui, il est resté sur le carreau.

LA SÉDUCTION, LES RAPPORTS AMOUREUX, LA SEXUALITÉ

Faire le joli cœur : faire le galant.
Dès que François aperçoit une jolie fille, il lui sourit et fait le joli cœur.

Un billet doux : un message galant.
Qu'est-ce que c'est que cette petite lettre parfumée ? Un billet doux ?

Conter fleurette : courtiser.
Une nouvelle étudiante très jolie est arrivée dans la classe. Pablo s'est empressé de lui conter fleurette.

Faire du pied à quelqu'un : donner discrètement de petits coups de pieds sous la table à quelqu'un.
Ton cousin m'a fait du pied pendant tout le dîner.

Faire un appel du pied à quelqu'un : faire connaître son intérêt à quelqu'un. Cette expression n'a pas la connotation de flirt de **faire du pied à quelqu'un.**

Faire une touche (familier) : recevoir un signe que l'on plaît à quelqu'un.
Robert a l'impression qu'il a fait une touche avec la jeune blonde de la table d'à côté.

Avoir un ticket avec quelqu'un : sentir que l'on plaît à quelqu'un.
*Carole, je crois que tu **as un ticket avec le beau blond** qui est assis au bar.*

Faire les yeux doux à quelqu'un : regarder quelqu'un amoureusement.
*J'ai bien vu que Patrice **me faisait les yeux doux** mais il ne m'intéresse pas.*

Taper dans l'œil à quelqu'un (familier) : plaire (peut se dire d'une personne ou d'une chose).
*J'ai l'impression que la serveuse **lui a tapé dans l'œil**, il n'arrête pas de la regarder.*

Manger (Dévorer) des yeux (quelqu'un ou quelque chose) : regarder avec envie.
*Sam trouvait Charlotte si belle qu'il la **dévorait des yeux**.*

Des yeux de merlan frit : un regard amoureux et idiot.
*Pendant toute la soirée, un type m'a regardée avec **des yeux de merlan frit**.*

Le merlan est un poisson.

Faire tourner la tête de quelqu'un : rendre quelqu'un amoureux de soi.
*Avec son charisme et ses belles paroles, Erwan **a fait tourner la tête de ma cousine**.*

Se rincer l'œil : regarder un homme ou une femme d'une manière érotique.
*Sa voisine se fait bronzer sur son balcon et il **se rince l'œil**.*

Rouler un patin à quelqu'un (familier) : embrasser quelqu'un avec la langue.
*Y avait deux jeunes qui n'arrêtaient pas de **se rouler des patins** dans le métro.*

Rouler une pelle (des pelles) à quelqu'un / Se rouler une pelle (des pelles) (familier) : embrasser quelqu'un (s'embrasser) avec la langue.
*Les ados ne se gênaient pas pour **se rouler des pelles** sur la plage.*

Avoir les mains baladeuses (familier) : caresser discrètement quelqu'un.
*Toutes les filles détestent Fabien car il **a les mains baladeuses**.*

Mettre la main au panier à quelqu'un (familier) : toucher les fesses de quelqu'un.
*Un type **lui a mis la main au panier** et elle lui a mis une grosse baffe (gifle).*

Un cinq-à-sept : Adultère commis entre cinq et sept heures (du soir).
*Jules a proposé à sa secrétaire un petit **cinq-à-sept** après le travail.*

Ne pas être de bois : ne pas être insensible à la sensualité.
*Au cinéma, pendant le film, elle n'a pas arrêté de se serrer contre moi. Et ensuite, elle a eu l'air surprise que je veuille l'embrasser. Qu'est-ce qu'elle croit ? Je **ne suis pas de bois**.*

Être porté sur la bagatelle (la chose) : aimer, rechercher les plaisirs de l'amour.
*Casanova **était très porté sur la bagatelle**.*

Avoir l'esprit mal tourné : qui interprète tout sujet en fonction du sexe.
*J'ai dit à Richard que je n'avais pas dormi de la nuit ; comme il **a l'esprit mal tourné**, il a tout de suite pensé au sexe alors que j'ai été malade toute la nuit.*

Un chaud lapin (familier) : un homme porté sur les plaisirs sexuels.
*Tu vas prendre un verre avec Claude ? Je te préviens, c'est **un chaud lapin**.*

Le coq du village : homme qui séduit ou prétend séduire les femmes.
*Rodolphe se vante des ses conquêtes féminines. Au bureau, il est considéré comme **le coq du village**.*

Un homme à bonnes fortunes : homme qui a du succès auprès des femmes.
*Jean-François est souvent accompagné d'une jolie femme. Ce n'est jamais la même. C'est un **homme à bonnes fortunes**.*

Un bourreau des cœurs : grand séducteur.
*Christophe se prend pour **un bourreau des cœurs**, mais en réalité il a peu de succès auprès des filles.*

Le démon de midi : tentation de la chair qui s'empare des humains au milieu de leur vie.
*Le **démon de midi** a frappé le professeur de littérature d'un âge mûr qui fait la cour à ses jeunes étudiantes.*

Un vieux beau : homme âgé qui cherche à séduire par une apparence élégante.

Un bourreau des cœurs

*C'est vrai qu'il est élégant. Mais, à plus de soixante ans, qu'est-ce qu'il va faire dans les discothèques, ce **vieux beau** ?*

Un vieux cochon : un vieux vicieux.
*Aline s'est fait pincer les fesses dans le métro par un retraité. Quel **vieux cochon** !*

Être à voile et à vapeur (familier) : être bisexuel.
*Certains disent que Tristan **est à voile et à vapeur**.*

Avoir vu (connu) le loup : Ne plus être vierge (pour une fille).
*Notre vieille voisine a toujours vécu seule, les gens mal intentionnés disent qu'elle n'**a jamais connu le loup**.*

Avoir la cuisse légère : une femme facile.
Karine a eu beaucoup d'aventures. Elle a la réputation d'avoir la cuisse légère.

Une Marie-couche-toi-là (populaire) : une femme facile.
Qu'est-ce que tu imaginais ? Tu croyais qu'il suffisait que tu lui payes un verre pour l'emmener chez toi ? Tu n'as pas de chance, ce n'est pas une Marie-couche-toi-là.

Il n'y a que le train qui ne lui est pas passé dessus (populaire) : propos insultant désignant une fille qui a eu beaucoup d'amants.
Tu sors avec cette Anne-Marie ? Il n'y a que le train qui ne lui est pas passé dessus !

Payer (Rembourser) en nature (familier) : payer en offrant ses faveurs.
Ne te fais pas d'illusions. Si ce type t'invite à dîner, c'est qu'il attend que tu le rembourses en nature.

Une partie de jambes en l'air (familier) : un acte sexuel.
Anthony préfère les parties de jambes en l'air à ses études.

S'envoyer en l'air (familier) : prendre du plaisir (sexuel).
Fabrice est persuadé que ce club de vacances est l'endroit idéal pour s'envoyer en l'air.

Faire la bête à deux dos (familier) : s'accoupler, faire l'amour.
Le film comporte des scènes osées. On voit les acteurs faire la bête à deux dos.

Tirer un coup (familier) : faire l'amour de façon expéditive.
JF 39 ans recherche relation sérieuse avec H 35 – 45 ans. Si c'est simplement pour tirer un coup, prière de s'abstenir.

Un film (Un livre, Un dessin) cochon : un film (un livre, un dessin) pornographique.
Cette édition originale de Sade est illustrée de dessins cochons.

Une fille de joie : prostituée.
Quand la police chasse les filles de joie d'un quartier, elles vont s'installer dans un autre.

Variantes : **fille perdue, femme publique.**

Faire le trottoir (familier) : se prostituer en cherchant les clients dans la rue.
On a obligé cette pauvre fille à faire le trottoir.

Vivre de ses charmes : se prostituer.
À Pigalle, beaucoup de dames vivent de leurs charmes.

Ballets roses : activité pédophilie.
La police a démantelé un réseau de pédophiles qui organisaient des ballets roses.

LA COÏNCIDENCE

Tomber bien (mal) : être une bonne (mauvaise) coïncidence.
*Tiens mon petit Paolo, voilà cent euros pour ton anniversaire. – Merci mamie, ça **tombe bien**, je voulais m'acheter des baskets neuves.*

Quand on parle du loup, on en voit la queue : parler d'une personne et la voir arriver par coïncidence.
*Manuel vient d'avoir un bébé. – Tiens, regardez, le voilà, **quand on parle du loup... on en voit la queue.***

Fréquemment, on ne dit que la première partie de l'expression « **Quand on parle du loup,...** » l'autre partie restant implicite.

LA COMPARAISON

▸ **L'égalité, la ressemblance**
De la même eau : de la même nature.
*L'éditeur ne va certainement pas publier le manuscrit qu'il a reçu. Le premier chapitre est nul et les autres sont **de la même eau**.*

Tout craché : très ressemblant.
*Il ressemble de façon incroyable à son père. C'est son portrait **tout craché**.*

C'est bonnet blanc et blanc bonnet : c'est exactement la même chose.
*Ces deux partis politiques promettent la même chose. Leur programme, **c'est bonnet blanc et blanc bonnet**.*

Avoir de qui tenir : avoir des comportements identiques à ceux de ses parents.
*Ma fille est vraiment énergique et très bavarde. – Excuse-moi mais elle **a de qui tenir**.*

C'est du pareil au même (familier) : c'est similaire.
*C'est plus cher d'aller à Marseille en avion ou en TGV ? – **C'est du pareil au même**.*

Les deux font la paire (souvent ironique) : quand deux personnes se ressemblent et vont très bien ensemble.
*Maxime et Hélène sont aussi désordonnés l'un que l'autre, **les deux font la paire**.*

Mettre dans le même sac : assimiler deux choses ou deux personnes.
*Les deux frères sont aussi méchants l'un que l'autre, ils sont à **mettre dans le même sac**.*

Ne faire qu'un (avec quelqu'un, avec quelque chose) : être très complémentaires, en harmonie.
*Michel et Lucie sont tellement amoureux qu'ils ont l'impression de **ne faire qu'un**.*

C'est toujours la même chanson : c'est toujours la même chose.
*On nous promet encore des réformes qu'on ne verra jamais. **C'est toujours la même chanson**.*

▸ La différence
C'est une autre paire de manches : une chose tout à fait différente.
*J'ai passé un entretien avec l'adjoint du directeur et maintenant je dois rencontrer le directeur, **c'est une autre paire de manches**.*

Ça fait deux : ce sont des choses différentes.
*Gérard est incapable d'écrire sans faire des fautes. L'orthographe et lui, **ça fait deux**.*

Ne rien à voir avec quelque chose (quelqu'un) : n'avoir aucun point commun.
*Ce que vous dites **n'a rien à voir avec le sujet** de notre conversation.*

Il ne faut pas mélanger les torchons et les serviettes : Il ne faut pas mettre ensemble des choses ou des personnes de valeurs différentes.
*Ne mélange pas tes romans à l'eau de rose avec mes livres de philosophie, s'il te plaît. **Il ne faut pas mélanger les torchons et les serviettes**.*

Sortir des sentiers battus : être différent de ce qui est habituel.
*On est allés dans un restaurant où l'on dîne dans le noir complet. C'était intéressant et ça **sort des sentiers battus**.*

▸ L'infériorité et la supériorité
(Ne pas) faire le poids : (Ne pas) tenir la comparaison avec un autre.
*Le petit Nicolas veut se battre avec Thomas mais il **ne fait pas le poids**.*

Ne pas arriver à la ceinture (cheville) de quelqu'un ou de quelque chose : lui être inférieur.
*Martin parle correctement l'anglais mais il **n'arrive pas à la cheville** de David qui est bilingue.*

Ne pas arriver à la cheville de quelqu'un

L'ESPACE

▸ Où ?
Sous d'autres cieux : dans d'autres endroits.
*La polygamie est interdite en Europe. Elle est permise **sous d'autres cieux**.*

À tous les échos : dans toutes les directions, partout.
*Ce que je viens de te dire est confidentiel, ne va pas le raconter **à tous les échos**.*

Les (Aux) quatre coins de : sur toute l'étendue de...
On trouve cette marque aux quatre coins du monde.

De long en large : partout, dans tous les sens.
J'ai parcouru le magasin de long en large sans trouver de lessive.

Par monts et par vaux : partout, avec une idée de voyager beaucoup.
Alain n'est pas souvent à la maison, il est toujours par monts et par vaux pour son travail.

Monts signifie « montagnes » et vaux signifie « vallées ».

Dans la nature : dans un endroit inconnu.
Tu revois toujours ton vieil ami Jean-Paul ? – Non, il a disparu dans la nature celui-là !

Au coin d'un bois : dans un endroit désert.
Il a une tête qui fait peur. Je n'aimerais pas le rencontrer au coin d'un bois.

À tous les coins de rue : une chose banale que l'on rencontre partout.
Tu n'auras aucun mal à trouver un cybercafé dans cette ville, il y en a à tous les coins de rue.

De France et de Navarre : de partout (en France).
Un prisonnier très dangereux s'est évadé. Toutes les polices de France et de Navarre sont à sa recherche.

▸ La distance proche / lointaine
Avoir sous la main (sous le nez) : avoir quelque chose à proximité de soi.
Je vous rappelle dans deux minutes car je n'ai pas le dossier sous la main pour l'instant.

Le chemin des écoliers : le chemin le plus long et souvent le plus agréable.
Plutôt que rentrer directement, nous allons passer par ces petites rues pittoresques. Nous allons prendre le chemin des écoliers.

Être à cent (mille) lieues de (+ nom ou infinitif) : être très loin de.
Sophie était à mille lieues de s'imaginer que son fiancé allait la demander en mariage ce soir.

Au diable vauvert : extrêmement loin.
Luc et Nathalie habitent en lointaine banlieue. Ils m'ont invité mais j'hésite à y aller, c'est au diable vauvert.

Variante : **c'est au diable.**

▸ Caractériser quelques endroits
Le plancher des vaches : la terre, le sol par opposition à la mer ou à l'air.
Nous étions contents de retrouver le plancher des vaches après une semaine sur le bateau.

Être ouvert à tous les vents : être grand ouvert.
*Robinson s'est construit une cabane au bord de la mer mais elle **est ouverte à tous les vents**.*

Entre quatre murs : enfermé dans une pièce, parfois une prison.
*Il fait un temps superbe, tu ne vas tout de même pas rester tout le week-end **entre quatre murs** !*

Grand comme un mouchoir de poche : très petit.
*Quand Pierre était étudiant, il habitait un studio **grand comme un mouchoir de poche**.*

Il fait noir comme dans un four : il fait très noir.
*Il fait **noir comme dans un four** dans cette salle, où est l'interrupteur ?*

Une chatte n'y retrouverait pas ses petits : se dit d'un endroit particulièrement en désordre.
*Nathalie, range ta chambre. **Une chatte n'y retrouverait pas ses petits** !*

L'HABITUDE

Prendre le pli : prendre une habitude.
*Caroline a appris à être plus organisée et plus rapide dans son travail et maintenant, elle **a pris le pli**.*

Le (mon, ton, son,…) pain quotidien : ce qui est habituel pour quelqu'un.
*Tous les jours, Nicole fait cinquante kilomètre pour aller au travail, c'est **son pain quotidien**.*

Avoir quelque chose dans le sang : avoir une passion, une habitude très profonde.
*Nathalie adore l'équitation, elle **a ça dans le sang**.*

L'INTENSITÉ

Faire quelque chose tout son soûl : autant qu'on le souhaite.
*Demain matin, Jonathan n'a pas classe et il va pouvoir **dormir tout son soûl**.*

Être + adjectif + à souhait : autant qu'on peut le souhaiter.
*Théo adore le couscous et les épices fortes et il trouve que le tien **est relevé à souhait**.*

Passer à la vitesse supérieure : mettre plus d'intensité dans une action.
*Le client n'a pas répondu aux lettres de relance alors nous allons **passer à la vitesse supérieure** en lui envoyant un courrier de notre avocat.*

Dans le feu de quelque chose : dans un moment intense d'une activité.
*À la fin du repas, Roland a raconté une histoire drôle. **Dans le feu de l'action**, il a fait des grands gestes et a renversé son verre.*

Le coup de feu : moment d'activité la plus intense (dans un restaurant par exemple) *Pour avoir de la place dans ce restaurant, il vaut mieux y aller avant **le coup de feu**. Sinon c'est toujours plein.*

Faire rage : être au maximum d'intensité (dispute, bataille, tempête, etc.). *Au moment où la tempête **faisait rage**, Daniel était en bateau, en pleine mer.*

À plein pot (familier) : au maximum. *Fabrice roule **à plein pot** avec son scooter.*

Battre son plein : être à son maximum (pour une réunion festive). *À minuit, la fête **battait son plein** et il y a eu une panne d'électricité.*

Être + adjectif + à couper le souffle : à l'extrême. *Pour beaucoup, Brigitte Bardot **était belle à couper le souffle**.*

Pas piqué des hannetons (vers) : qui se présente de façon extrême. *L'humoriste a fait un sketch **pas piqué des hannetons**.*

Du diable (De tous les diables) : extrême, excessif. *La nuit dernière je n'ai pas pu dormir. Mes voisins faisaient une fête, il y avait un vacarme **de tous les diables**.*

LE JUGEMENT
▸ Bien, bon, beau

Être bien (mal) ficelé (familier) : être bien (mal) conçu. *Les producteurs n'ont pas aimé le scénario qui était vraiment trop **mal ficelé**.*

Être du tonnerre : être formidable (pour une chose ou une personne.) *Vous avez vu la moto de Philippe, elle **est du tonnerre**.*

Le nec plus ultra : ce qu'il y a de mieux. *Brigitte vient de s'acheter un téléviseur. Elle a choisi **le nec plus ultra**.*

Expression latine qui signifie « pas au-delà ».

Trier quelque chose (quelqu'un) sur le volet : sélectionner le(s) meilleur(e)(s). *Les professeurs de cette école privée ont été **triés sur le volet**.*

Valoir la peine : mériter qu'on le fasse. *Ça **vaut la peine** que vous visitiez Montmartre même si c'est très touristique.*

La cerise sur le gâteau : le petit détail qui termine en beauté une entreprise. *Delphine a eu une promotion et, **cerise sur le gâteau**, une voiture de fonction.*

Au Québec, c'est **la cerise sur le sundae** (dessert à la glace et au fruit).

Être au poil (familier) : être parfait.
Tu es content de ton nouvel ordinateur ? – Ah oui,
il est au poil.

De la plus belle eau : remarquable.
Nathalie a acheté un diamant de la
plus belle eau.

Du feu de Dieu : très bien, de façon
extraordinaire.
L'éditeur a lancé avec succès une nou-
velle collection. C'est une collection qui
marche du feu de Dieu.

Être au poil

▶ Banal, moyen

Il y a à boire et à manger : il y a du bon et du mauvais
(des aspects positifs et des aspects négatifs).
Dans cette revue, il y a toutes sortes d'articles : des articles très bons et d'autres inintéres-
sants. Il y a à boire et à manger.

Tenir la route : être acceptable.
Que penses-tu de mon dessin ? – C'est pas mal pour un amateur, ça tient la route.

Ça ne casse pas trois pattes à un canard (des briques) : cela n'a rien d'extraordinaire.
Ce roman a eu un prix, pourtant ça ne casse pas trois pattes à un canard.

Ça ne casse rien (familier) : ce n'est pas extraordinaire.
Antoine est allé dans ce nouveau restaurant dont on dit tant de bien. Il a été déçu, il a trouvé
que ça ne cassait rien.

▶ Mal, mauvais, nul

Laisser à désirer : être imparfait, médiocre.
Votre travail laisse à désirer, il faut absolument l'améliorer.

(Quelque chose) à la noix : sans intérêt, de mauvaise qualité.
Je ne comprends pas pourquoi tu regardes cette série télévisée à la noix.

(Quelque chose) de merde (populaire) : détestable.
Encore une panne ! J'en peux plus de cette voiture de merde !

Ne pas payer de mine : avoir mauvaise allure.
*Ce petit hôtel **ne paye pas de mine** de l'extérieur mais les chambres sont très jolies.*

Ne pas valoir un clou (familier) : ne rien valoir.
*Tu n'arriveras jamais à vendre ta vieille voiture, elle **ne vaut pas un clou**.*

Nul à chier (populaire) : extrêmement, nul, sans aucun intérêt.
*Ne va pas voir ce film, il est **nul à chier**.*

La manière

▸ **Brutalement, directement**
De but en blanc : brusquement, sans détour.
*Sa femme lui a annoncé **de but en blanc** qu'elle demandait le divorce.*

Sans crier gare : brusquement, sans avertissement, sans prévenir.
*Paul est arrivé à la fête **sans crier gare**. Il a surpris tout le monde, personne ne l'attendait.*

Ne pas y aller par quatre chemins : aller droit au but.
*Guy était en rage. Il a dit à Charlotte ce qu'il pensait d'elle. Il n'a pas pris de précautions et **n'y est pas allé par quatre chemins**.*

Ne pas y aller avec le dos de la cuillère (familier) : agir directement, brutalement.
*Tu aurais pu le dire de façon plus délicate. Tu **n'y vas pas avec le dos de la cuillère** !*

▸ **Avec confiance**
Les yeux fermés : avec une grande confiance.
*Je crois que je connais la route, tu me fais confiance ? – Oui, je te suis **les yeux fermés**.*

Arriver la gueule enfarinée (familier) : trop confiant, en ignorant le problème.
*Le dîner était à 20 h, Pierre **est arrivé** à 22 h, sans s'excuser, **la gueule enfarinée**.*

▸ **Difficilement, de façon compliquée**
C'est pas de la tarte (du gâteau) (familier) : c'est difficile.
*Lili a un exercice de maths à faire et vraiment, **c'est pas de la tarte**.*

C'est la croix et la bannière : quelque chose de très difficile.
*Cet enfant ne pense qu'à jouer. **C'est la croix et la bannière** pour lui faire apprendre ses leçons.*

Faire des comptes d'apothicaire : compte minutieux et très compliqué.
*Je ne vais plus au restaurant avec lui. À chaque addition, il **fait des comptes d'apothicaire**.*

Chercher midi à quatorze heures : compliquer inutilement les choses simples.
Si tu veux réussir ton examen, ne **cherche** *pas* **midi à quatorze heures***, contente-toi de donner des réponses courtes et précises.*

Couper les cheveux en quatre : compliquer inutilement les choses simples.
Tu crois qu'on doit apporter du champagne, pourquoi pas du vin, et s'ils préféraient des fleurs ? – Yves, arrête de **couper les cheveux en quatre***, on a du champagne et on l'apporte.*

C'est une usine à gaz : une chose, une entreprise complexe et confuse.
Gérard m'a expliqué son projet politique, je n'ai pas bien compris, **c'est une usine à gaz***.*

Un cercle vicieux : situation compliquée dont on ne parvient pas à sortir.
Pour ouvrir un compte en banque, il faut avoir une adresse. Pour louer un appartement, il faut un compte en banque. C'est **un cercle vicieux***.*

De l'enculage de mouches (vulgaire) : complication, minutie excessive.
*Vous discutez sur des points de détail qui n'ont aucune importance. Passez-moi l'expression, mais c'est de l'***enculage de mouches***.*

▸ **Discrètement / indiscrètement**
Faire quelque chose sans tambour ni trompette : en toute discrétion, sans en parler aux autres.
Vous avez fait une grande cérémonie de mariage ? – Non, on a fait une petite fête **sans tambour ni trompette***.*

Du coin de l'œil : discrètement.
La commerçante se méfie des deux adolescents qui sont partis dans le fond du magasin. Elle les surveille **du coin de l'œil***.*

Mettre (Fourrer) son nez (quelque part) (familier) : se mêler des affaires des autres.
Notre voisine du premier étage est très curieuse, elle **fourre son nez** *partout.*

▸ **Avec enthousiasme**
La fleur au fusil : avec enthousiasme et gaieté.
En août 1914, les soldats croyaient que la guerre serait courte et facile. Ils sont partis en chantant, **la fleur au fusil***.*

Un feu de paille : enthousiasme vif et passager.
La passion de l'adolescente pour la guitare n'a duré qu'un mois, c'était **un feu de paille***.*

▸ **De façon évidente**
Comme deux et deux font quatre : c'est évident, c'est absolument certain.
Tu en es sûr ? – Oui, comme **deux et deux font quatre***.*

C'est gros comme une maison : être visible, prévisible, évident.
*Si Philippe est venu à la fête, c'est uniquement pour te voir, **c'est gros comme une maison**.*

Ça coule de source : être évident.
*Si je mange plus équilibré, je vais maigrir docteur ? – **Ça coule de source**.*

Tomber sous le sens : être évident.
*Les Français dépensent moins parce qu'ils gagnent moins. – Ça **tombe sous le sens** !*

Clair comme le cristal (comme de l'eau de roche) : très clair, évident.
*Ce professeur est excellent. Ses explications sont toujours **claires comme le cristal**.*

Se voir comme le nez au milieu de la figure : être très visible, très évident.
*Est-ce que ça se voit que je suis nerveuse ? – Oui, **comme le nez au milieu de la figure**.*

Crever les yeux (Sauter aux yeux) : être très visible, évident.
*Sylvain est amoureux de toi, ça **crève les yeux**.*

Il n'y a pas photo : c'est absolument certain.
*Le maire ne sera pas réélu l'année prochaine, **il n'y a pas photo**.*

Il n'y a (Cela ne fait) pas l'ombre d'un doute (Sans l'ombre d'un doute) : pour exprimer une certitude absolue.
*Richard va être promu directeur, **il n'y a pas l'ombre d'un doute**.*

▸ Exactement et précisément
Pile poil (familier) : exactement, précisément.
*Pour une fois, le train n'a pas eu de retard, il est arrivé **pile poil** à l'heure prévue.*

À la lettre : strictement, dans le moindre détail.
*J'ai suivi tes recommandations **à la lettre**.*

Faire quelque chose (indication de temps) montre en main : exactement.
*Prépare-toi, je viens te chercher dans dix minutes **montre en main**.*

C'est écrit noir sur blanc : être écrit très clairement.
*L'essence va augmenter. – Tu es sûr ? – Oui, regarde c'**est écrit noir sur blanc** dans le journal.*

Être réglé comme du papier à musique : être extrêmement bien réglé, bien organisé.
*Tout est prêt pour le mariage ?– Oui, tout **est réglé comme du papier à musique**.*

Avoir le compas dans l'œil : juger à vue d'œil, avec une grande précision.
*Tu avais raison, je n'aurais pas dû acheter cette étagère, elle est trop longue de deux centimètres. Tu **as le compas dans l'œil**.*

> Facilement, aisément

Comme une fleur : avec facilité.
Estelle a passé un concours pour rentrer dans une grande école. Elle a été reçue comme une fleur.

Sans nuages : sans problèmes.
Depuis dix ans, Marie et Jules vivent une relation amoureuse sans nuages.

Y'a pas de lézard (familier) : il n'y a pas de problème.
Ça t'embête si j'emmène mon cousin au ciné avec nous ? – Y'a pas de lézard.

Ce n'est pas sorcier : ce n'est pas difficile.
Fiona n'a pas réussi à enregistrer le film, ce n'est pourtant pas sorcier.

Passer comme une lettre à la poste : passer sans difficulté, en douceur.
Pierre pensait que sa demande d'augmentation serait refusée mais elle est passée comme une lettre à la poste.

Ce n'est pas la mort : ce n'est pas si difficile.
J'ai peur de me faire vacciner, je déteste les piqûres. – Tout de même, ce n'est pas la mort.

Haut la main : facilement, avec une grande marge de réussite.
La nageuse française a remporté le 100 mètres haut la main.

Ce n'est pas la mer à boire : ce n'est pas aussi difficile qu'on peut le croire.
Encore dix pages et j'ai fini d'écrire ce livre, ce n'est pas la mer à boire !

Comme un chef : facilement et bien.
Dominique n'a fait aucune faute à la dictée. Il se débrouille comme un chef.

Les doigts dans le nez (familier) : facilement, sans effort.
Le boxeur était bien supérieur à son adversaire, il a gagné les doigts dans le nez.

Dans un fauteuil : avec facilité, sans peine.
Le pilote a devancé de très loin ses concurrents, il a gagné la course dans un fauteuil.

Aller (Marcher) comme sur des roulettes : se passer très facilement ou rapidement.
Le vendeur a accepté de te rembourser les chaussures que tu avais déjà portées ? – Oui, il n'a rien vu, ça a marché comme sur des roulettes.

Bête comme chou : très facile, enfantin.
Je suis sûr que tu vas trouver. Cette devinette est très facile, elle est bête comme chou.

C'est du billard (familier) : c'est très facile.
L'examen était vraiment trop facile. ***C'était du billard.***

Simple comme bonjour : très facile, très simple.
Vous n'aurez aucune difficulté pour faire cet exercice. *C'est **simple comme bonjour**.*

C'est l'enfance de l'art : c'est la chose la plus facile.
Je vais t'expliquer, tu vas comprendre tout de suite. *Tu verras, **c'est l'enfance de l'art**.*

Variante : **c'est un jeu d'enfant.**

Faire quelque chose comme un rien : avec une grande facilité, ou rapidité.
*Ma mère **a préparé douze pizzas comme un rien**.*

Du cousu-main : quelque chose qui est très facile, qu'on est sûr de réussir.
*Nous allons gagner ce procès, c'est **du cousu-main**.*

▸ Hâtivement, avec précipitation
Ne faire ni une ni deux (familier) : ne pas hésiter, faire quelque chose très vite.
*Après deux jours de pluie dans les Alpes, on **n'a fait ni une ni deux**, on a fait les valises et on est partis en Provence, où il y avait du soleil.*

Se manier le train (familier) : se dépêcher.
***Maniez-vous le train** les gars, on va être en retard.*

Faire quelque chose sur un coup de tête : de manière spontanée, non réfléchie.
*En passant par Nice, nous avons vu une maison que nous **avons achetée sur un coup de tête**.*

Il ne faut pas vendre la peau de l'ours avant de l'avoir tué : il ne faut pas considérer une chose comme la sienne avant d'être assuré de l'avoir, il ne faut pas se précipiter.
*Avec l'argent de la maison, on va s'acheter un bateau pour y vivre. – On doit d'abord trouver un acheteur pour la maison ; **il ne faut pas vendre la peau de l'ours avant de l'avoir tué**.*

Aller plus vite que la musique (souvent utilisé à la négative) : aller trop vite.
Nicolas, dès qu'on a acheté la maison, on y fait une grande fête ! – Attends, il faut faire des réparations et acheter des meubles avant. *N'**allons** pas **plus vite que la musique** !*

Brûler les étapes : aller très ou trop vite dans ce qu'on fait.
Ne brûlez pas les étapes. Entraînez-vous d'abord sur de petites distances puis sur des plus grandes. Ensuite, vous pourrez participer au marathon.

Mettre les bouchées doubles : se hâter, aller beaucoup plus vite que prévu dans l'action entreprise.
*Nous avons peu de temps pour préparer l'exposition, il va falloir **mettre les bouchées doubles**.*

Il n'y a pas le feu : rien ne presse.
*Calme-toi ! On a tout le temps. **Il n'y a pas le feu**.*

Minute, papillon ! (familier) : attendez (attends), n'allez (ne va) pas si vite.
*Voilà les dix euros que je te devais et au revoir. – **Minute, papillon !** Tu me dois vingt euros.*

On n'est pas aux pièces ! (familier) : se dit quand on ne veut pas se dépêcher inutilement.
*Allez, on paye l'addition et on part ! – Doucement, **on n'est pas aux pièces !***

Lever le pied : aller plus doucement.
*Jean a travaillé dur l'année dernière et cette année, il a décidé de **lever le pied** pour se consacrer à la peinture.*

▸ Hypocritement
La bouche en cœur : faire des moues, des manières. Affecter l'amabilité.
*Je sais qu'elle me déteste, mais dès qu'elle me voit, elle vient vers moi **la bouche en cœur** et me serre dans ses bras.*

Un baiser (Des baisers) de Judas : manifestation trompeuse d'affection.
*Elles se haïssent mais quand elles se rencontrent, elles s'embrassent. Quels **baisers de Judas** !*

Des larmes de crocodile : larmes hypocrites pour émouvoir et tromper.
*Regarde comme Kevin est désolé d'avoir cassé le vase. Ce pauvre petit garçon pleure. – Ne sois pas naïve, ce sont **des larmes de crocodile**.*

Des larmes de crocodile

Manier la langue de bois : langage stéréotypé politique et hypocrite.
*Les politiciens manient souvent **la langue de bois**.*

Une sainte nitouche : une personne qui fait semblant d'être innocente ou prude.
*Marine était choquée d'entendre des blagues osées. Quelle **sainte nitouche**, c'est elle qui a commencé à en raconter !*

Peut s'utiliser aussi pour un homme : Il fait sa **sainte nitouche**.

Ne pas avoir l'air d'y toucher : prendre un air innocent mais ne pas l'être.
*Camille **n'a pas l'air d'y toucher** mais c'est une femme d'affaires redoutable.*

▸ **Logiquement, de façon sensée / de façon illogique, absurde**
Tenir debout : avoir du sens, être solide.
*Ce que tu racontes n'a aucun sens, ça ne **tient** pas **debout**.*

Quelque chose en béton, de béton : très solide.
*L'étudiant a présenté un travail remarquable, sa démonstration était **en béton**.*

Le fil d'Ariane (recherché), **(fil rouge)** : fil conducteur, la logique.
*Dans sa thèse de doctorat, Loïc parle de beaucoup de choses qui n'ont pas toujours de rapport entre elles. Il est difficile d'en discerner **le fil rouge**.*

L'expression fait référence au fil qu'Ariane donna à Thésée pour ne pas se perdre dans le labyrinthe.

Pour un oui pour un non : sans raison valable.
*Les enfants n'aiment pas la surveillante qui crie tout le temps **pour un oui pour un non**.*

Tiré par les cheveux : d'une manière peu naturelle, peu logique.
*Tu ne me convaincras pas avec une explication aussi farfelue. C'est **tiré par les cheveux**.*

N'avoir ni queue ni tête : n'avoir aucun sens.
*J'abandonne ce livre, l'histoire **n'a ni queue ni tête**.*

Finir en queue de poisson : pour un livre, un film, etc., finir bizarrement, sans logique.
*Ce film **finit en queue de poisson**. Dans la scène finale, on ne sait pas si le personnage va survivre ou mourir.*

▸ **Maladroitement**
Comme un éléphant dans un magasin de porcelaine : avec lourdeur, maladresse.
*Maurice n'est pas très raffiné et n'a aucune éducation. Dans les soirées mondaines, il est **comme un éléphant dans un magasin de porcelaine**.*

Ne pas faire dans la dentelle : travailler, agir sans délicatesse.

Denys a envoyé un SMS à Nadine pour lui annoncer qu'il rompait avec elle. **Il ne fait pas dans la dentelle.**

▸ Ouvertement / en secret
À la barbe (Au nez et à la barbe) de quelqu'un : ouvertement, sans se cacher.
De retour d'Asie, Arthur est passé avec un costume de contrefaçon **au nez et à la barbe des douaniers.**

Faire quelque chose au vu et au su de quelqu'un : sans se cacher de personne.
Le voleur a pris des marchandises **au vu et au su de la caissière.**

Faire quelque chose ni vu ni connu : faire quelque chose sans être vu.
Vivien **a volé un CD, ni vu ni connu.**

Derrière le dos de quelqu'un : en se cachant de quelqu'un, sans son accord.
Les parents de Lucie ne voulaient pas qu'elle se fasse percer le nez. Elle est allée le faire **derrière leur dos.**

Variante : **dans le dos de quelqu'un.**

Faire quelque chose (Manger, Boire) en suisse : faire quelque chose seul, en secret, sans le proposer aux autres.
Corentin a acheté des bonbons et les **a tous mangés en suisse.**

▸ Prudemment
Marcher sur des œufs : prendre beaucoup de précautions dans une situation délicate.
Thomas s'est fait critiquer par son chef et maintenant il **marche sur des œufs.**

Jouer sur du velours : agir avec beaucoup de prudence pour éviter un danger.
Nous allons négocier avec des hommes d'affaires très décidés. Il va falloir **jouer sur du velours.**

Marcher sur des œufs

▸ Silencieusement
Marcher (Aller, Avancer, etc.) à pas de loup : très doucement, sans faire de bruit en marchant.
Il était minuit alors Léo **a marché à pas de loup** *vers sa chambre pour ne pas réveiller ses parents.*

Marcher (Arriver, Entrer, etc.) sur la pointe des pieds : sans faire de bruit.
Marchons sur la pointe des pieds, sinon on va réveiller les parents.

▸ **Les autres manières**
Mine de rien : sans le montrer, sans en avoir l'air, sans s'en rendre compte.
Mine de rien, nous avons fait une bonne affaire en vendant nos vieux meubles.

Pour les beaux yeux de (quelqu'un) : uniquement pour faire plaisir à quelqu'un.
Ludovic s'est mis au yoga pour les beaux yeux de Juliette.

L'expression est souvent dans une phrase négative avec un sens ironique : *Je ne vais certainement pas arrêter de jouer au foot pour tes beaux yeux !*

De tout (son) cœur : de toutes ses forces.
J'espère de tout mon cœur que vous guérirez vite.

Faire quelque chose à l'estomac : au culot, en profitant de la surprise.
Gaétan n'a ni diplômes ni expérience : il a pourtant réussi à nous convaincre qu'il était parfait pour ce poste. Il nous l'a fait à l'estomac.

Par l'opération du Saint-Esprit : d'une façon mystérieuse, miraculeuse.
Mathilde, pourquoi ma nouvelle ceinture est-elle dans ta chambre ? Sûrement pas par l'opération du Saint-Esprit !

Passer quelque chose au peigne fin : minutieusement.
La police a passé la maison au peigne fin sans trouver aucun indice.

LA QUANTITÉ
Il n'y a pas un chat : il n'y a absolument personne.
En été, cette petite ville au bord de la mer est pleine de touristes. En hiver, il n'y a pas un chat.

Pour un empire : pour rien au monde, en aucune façon.
Emmanuelle adore son travail, elle ne changerait pas de profession pour un empire.

Ça ne se bouscule pas au portillon : il y a peu de monde.
À cause du mauvais temps, il y avait très peu de monde pour assister au match. Ça ne se bousculait pas au portillon.

Trois pelés et un tondu (familier) : très peu de gens.
C'était bien la sortie en boîte ? – Nul ! Y'avait trois pelés et un tondu.

Pouvoir les compter sur les doigts d'une main : ils sont peu nombreux.

*L'examen était si difficile que presque tous les étudiants ont échoué. On **peut compter sur les doigts d'une main** ceux qui ont réussi.*

Un nuage de lait : un petit peu de lait.
*Je veux bien un café avec **un nuage de lait**.*

Pas des masses (familier) : pas beaucoup.
*Rachel, tu as envie d'aller à cette conférence toi ? – Non, **pas des masses**.*

À vue de nez (d'œil) : approximativement.
*Tu as pris combien de crevettes pour le dîner ? – **À vue de nez**, je dirais vingt.*

Avoir l'embarras du choix : avoir beaucoup de choix, beaucoup de possibilités.
*Nous avons de nombreux modèles, vous n'**aurez** que **l'embarras du choix**.*

Comme un fou (des fous) : énormément.
*Le spectacle du clown a eu un grand succès. Les enfants se sont amusés **comme des fous**.*

Variante : **comme un petit fou, comme des petits fous.**

Un monde fou : beaucoup de monde.
*Le premier jour des vacances, il y a toujours **un monde fou** dans les gares.*

Du diable (De tous les diables) : extrême, excessif.
*La nuit dernière je n'ai pas pu dormir. Mes voisins faisaient une fête, il y avait un vacarme **de tous les diables**.*

LE TEMPS
▸ Quand ?
De bonne heure : tôt.
*Je me suis levé **de bonne heure** ce matin.*

De bon matin : très tôt le matin.
*Pendant les vacances, on se levait toujours **de bon matin** pour voir le lever du soleil.*

Un de ces quatre matins : un jour dans un futur incertain.
*Je n'ai pas le temps d'aller voir ma grand-mère mais je passerai **un de ces quatre matins**.*

Entre la poire et le fromage : lors d'un moment de détente.
*Et tout à coup, **entre la poire et le fromage**, Antoine a annoncé qu'il allait se marier.*

▸ La durée
Il était moins une (cinq) : un peu plus et cela arrivait.

L'enfant se penchait à la fenêtre. Sa mère l'a rattrapé juste avant qu'il ne tombe. **Il était moins cinq**.

Être à un cheveu de : être sur le point de faire quelque chose.
*Ah, te voilà. Je t'attends depuis une demi-heure et j'***étais à un cheveu de** *partir.*

Variante : **Ça n'a tenu qu'à un cheveu** (cela a failli arriver, cela a failli se réaliser).

Être à deux doigts de : être très proche, très près de.
Les recherches avancent bien, les savants sont **à deux doigts** *de trouver le vaccin.*

Il s'en est fallu d'un doigt : il s'en est fallu de très peu.
J'ai couru pour arriver à la gare et j'ai réussi de justesse à avoir mon train. **Il s'en est fallu d'un doigt** *pour que je le rate.*

Toute la sainte journée : toute la journée (idée négative).
Hier, il a plu **toute la sainte journée**, *un vrai déluge.*

Ne pas faire long feu : ne pas durer longtemps, être vite terminé.
Le train électrique que Victor a reçu pour Noël **n'a pas fait long feu**. *Au premier de l'an, il était déjà cassé.*

Venir (Passer, etc.) en coup de vent : ne pas rester longtemps.
Jean-Michel **est passé en coup de vent** *pour te déposer ce livre.*

À la longue : après un certain temps, idée d'habitude et de continuité.
Joël jouait au golf tous les jours mais **à la longue**, *il en a eu assez et il s'est mis au tennis.*

De fil en aiguille : petit à petit, insensiblement, en passant progressivement d'une chose à une autre.
Il s'était promis de ne pas en parler, mais au cours de la discussion, **de fil en aiguille**, *ils en sont venus à aborder le sujet.*

Il coulera (passera) de l'eau sous les ponts : il se passera beaucoup de temps.
Nathalie a été très mal reçue dans ce restaurant. **Il passera de l'eau sous les ponts** *avant qu'elle y retourne.*

Ça fait un bail (familier) : cela fait très longtemps.
Salut ! On ne s'était pas vus depuis trois ans. **Ça fait un bail** !

Cent sept ans : une très grande durée.
Vous m'aviez promis de passer réparer la plomberie le mois dernier. Vous n'êtes pas venu. Maintenant vous me dites que vous ne serez pas libre avant trois semaines. Ce n'est pas possible ! Cette histoire ne va pas durer **cent sept ans** !

Généralement avec un verbe à la forme négative.

Dater d'avant le déluge : être très ancien.
*Comment peux-tu encore travailler avec cet ordinateur qui **date d'avant le déluge** ?*

Paris ne s'est pas fait en un jour (ou : Rome ne s'est pas faite en un jour) : il faut beaucoup de temps pour réaliser un projet important.
*Je dois encore beaucoup travailler pour finir ce livre. – **Paris ne s'est pas fait en un jour** !*

Il y a (Depuis) belle lurette : il y a très longtemps.
*Comment va ta copine Marianne ? – Je ne sais pas, **il y a belle lurette** que je ne l'ai pas vue.*

Lurette vient de l'ancien français « heurette » (une petite heure) qui signifiait à l'époque « très longtemps ».

La nuit des temps : époque extrêmement ancienne.
*Cette vieille coutume régionale remonte à **la nuit des temps**.*

Il y a (Ça fait) une paye (familier) : Il y a très longtemps.
*Tiens, Luc ! **Il y a une paye** qu'on s'est pas vus !*

Traîner en longueur : durer trop longtemps (idée d'ennui).
*Cette conférence **traîne en longueur**, on s'en va ?*

▸ La fréquence
À tout bout de champ : à chaque instant.
*Le conférencier ne pouvait pas s'empêcher de dire « n'est-ce pas ? » **à tout bout de champ**.*

La semaine des quatre jeudis : jamais.
*Quand est-ce que tu marieras ? – **La semaine des quatre jeudis** !*

Quand les poules auront des dents : jamais.
*Quand te feras-tu couper les cheveux, Julien ? – **Quand les poules auront des dents**, maman.*

Pour tout l'or du monde (avec une négation) : absolument jamais.
*Je ne voudrais pas sortir avec ce Jean-Daniel, **même pour tout l'or du monde** !*

Quand les poules auront des dents

Tous les trente-six du mois : jamais.
*Tu fais souvent de la gym ? – **Tous les trente-six du mois.***

Au jour le jour : en pensant seulement au présent.
*Ma fille ne sait pas faire d'économies, elle vit **au jour le jour**.*

▷ La vitesse
Avancer (Marcher) comme un escargot (une tortue) : très lentement.
*Avec ce vent de face, les cyclistes **avancent comme des escargots**.*

En un clin d'œil : en un instant, très vite.
*Il s'est mis à pleuvoir très fort, **en un clin d'œil** la rue était vide.*

En deux coups de cuillère à pot (familier) : très rapidement, sans difficultés.
*Il est doué pour les mots croisés. Il a fait ceux du journal **en deux coups de cuillère à pot**.*

Du jour au lendemain : se dit d'un changement rapide, brutal.
*Mes parents ont vendu leur maison sans prévenir quiconque, comme ça, **du jour au lendemain**.*

En moins de deux : très vite.
*Si on prend le métro, on sera sur les Champs-Élysées **en moins de deux**.*

Aller (Rouler, Venir, etc.) à vitesse grand V : aller au plus vite.
*Tu es arrivé à l'heure, c'est bien. – Oui, j'**ai roulé à vitesse grand V**.*

Faire quelque chose en deux temps trois mouvements : rapidement et efficacement.
*Vous allez voir les enfants, on va remettre la classe en ordre **en deux temps trois mouvements**.*

Ne pas avoir le temps de dire ouf (que…) : exprime une rapidité extrême.
*Je **n'ai pas eu le temps de dire ouf** que ma mère avait déjà débarrassé la table.*

Faire quelque chose en moins de temps qu'il ne faut pour le dire : très rapidement.
*Et, **en moins de temps qu'il ne faut pour le dire**, Anna avait mis la table.*

À fond de train (À fond la caisse, À fond la gomme, À fond les baskets) (familier) : à toute vitesse.
*À la sortie de l'agglomération, les gendarmes ont arrêté un automobiliste qui avait traversé le village **à fond la caisse**.*

À fond la caisse

Sur les chapeaux de roues : à grande vitesse.
*L'automobiliste était très pressé, il a démarré **sur des chapeaux de roues**.*

À bride abattue : à toute vitesse.
*Quand il a su que sa mère faisait un gâteau, le petit garçon est arrivé **à bride abattue**.*

Pousser comme des champignons : se développer rapidement.
*Dans le centre ville, il y a de plus en plus de magasins de vêtements. Ils **poussent comme des champignons**.*

Fondre comme neige au soleil : disparaître, fondre vite et complètement.
*Gabriel est dans une situation financière difficile. Il touche une très petite retraite et ses économies **ont fondu comme neige au soleil**.*

Se répandre comme une traînée de poudre : se dit d'une rumeur qui se répand très vite.
*La nouvelle du mariage de la chanteuse **s'est répandue comme une traînée de poudre**.*

Se vendre (S'arracher, Partir,...) comme des petits pains : se vendre très vite.
*Ces nouveaux ordinateurs de poche **se vendent comme des petits pains** malgré leur prix.*

En cinq sec : rapidement et efficacement.
*Jenny est très douée, elle m'a réparé mon ordinateur **en cinq sec**.*

LES ACHATS

Acheter chat en poche : sans examiner soigneusement ce qu'on achète.
*Fabienne commande ses vêtements par Internet. Amélie ne ferait jamais cela. Elle n'**achète** pas **chat en poche**.*

Faire quelque chose à la tête du client : établir un prix différent en fonction du client.
*Il n'y a aucun prix sur ce stand, à croire que cet homme vend sa marchandise **à la tête du client**.*

L'ARMÉE

La grande muette : l'armée.
*Il y a maintenant des publicités pour l'armée à la télévision. **La grande muette** a bien changé.*

De la chair à canon : se dit des soldats envoyés à la mort pendant une guerre.
*La propagande a poussé beaucoup de jeunes gens à vouloir participer à la guerre. Ils ne se sont même pas rendu compte qu'ils n'étaient que de la **chair à canon**.*

Une culotte de peau : un militaire borné.
*À entendre ces militaires, on croirait que le mur de Berlin n'est jamais tombé. Ces **culottes de peau** ne semblent pas avoir compris que le monde a changé.*

LE BRUIT

Un bruit de casserole : un bruit désagréable.
*Le fils de mes voisins apprend à jouer au violon. Tout ce qu'il peut faire, c'est produire **un bruit de casserole**.*

À cor et à cri : en insistant bruyamment.
*Les étudiants sont descendus dans la rue et ont réclamé **à cor et à cri** le retrait du nouveau projet.*

LA CIRCULATION

Appuyer sur le champignon (familier) : en voiture, appuyer sur l'accélérateur, accélérer.
*Il n'y a pas de voiture en face, profites-en pour doubler le camion. Vas-y ! **Appuie sur le champignon**.*

Un bruit de casserole

Avoir (Mettre) le pied au plancher : accélérer le plus possible.
*Dominique **a** toujours **le pied au plancher**, c'est un vrai danger.*

Rouler à tombeau ouvert : conduire très dangereusement et risquer sa vie.
*Roger conduit trop vit et imprudemment, il **roule à tombeau ouvert**.*

Tailler un short à quelqu'un (familier) : passer très près de quelqu'un en voiture.
*Fais attention quand tu traverses les rues à Paris, tu risques de te faire **tailler un short**.*

Un chauffeur du dimanche : mauvais conducteur.
*Tu as vu, il vient de me doubler dans un virage ! – Encore **un chauffeur du dimanche**.*

Avoir eu son permis de conduire dans une pochette-surprise : conduire mal et ne pas mériter son permis de conduire.
*Ce type vient de me refuser la priorité à droite ! Il **a eu son permis dans une pochette-surprise** !*

Faire une queue de poisson : en voiture, doubler et se rabattre juste devant quelqu'un.
*Regardez-moi cet imbécile qui vient de me **faire une queue de poisson** !*

Aller (Rentrer) dans le décor : quitter accidentellement la route.
*Mario a raté le virage et la voiture **est rentrée dans le décor**.*

Un virage en épingle à cheveux : un virage très serré.
*Tu devrais faire attention. La route que tu vas prendre est pleine de **virages en épingles à cheveux**.*

Faire la navette : faire des allers-retours.
*Maintenant que nous avons une maison en Provence, nous **faisons la navette** entre Avignon et Paris.*

Traverser dans les clous : dans le passage pour piétons.
*Les enfants, soyez attentifs au moment de traverser la rue. **Traversez dans les clous**.*

LE CLIMAT

Un vent à décorner les bœufs : un vent très fort.
*Ne sors pas, il y a **un vent à décorner les bœufs**.*

Pleuvoir comme vache qui pisse (familier) : pleuvoir très fort.
*Je sortirai plus tard, pas maintenant ; regarde, il **pleut comme vache qui pisse** !*

Un froid de canard : un froid très vif.
*Couvre-toi bien si tu sors, il fait **un froid de canard**.*

Un vent à décorner les bœufs

Un brouillard à couper au couteau : un brouillard très épais.
Ce matin, j'ai eu du mal à trouver le chemin jusqu'à l'arrêt de bus. Il y avait un brouillard à couper au couteau.

LE CONFORT / L'INCONFORT

Être aux premières loges : avoir les meilleures places pour voir quelque chose.
Monsieur, vous avez vu la bagarre ? – Oui, j'ai tout vu, j'étais aux premières loges, assis à la terrasse du bar.

Être comme un coq en pâte : avoir son confort, être très bien soigné.
L'accueil est fantastique dans cet hôtel. Si tu y vas, tu seras comme un coq en pâte.

Être chargé comme une mule : transporter des choses très encombrantes et lourdes.
Nos invités sont arrivés pour le week-end avec deux grosses valises et trois sacs, ils étaient chargés comme des mules.

Être serrés comme des sardines (des harengs) : être très serrés.
Pendant la grève, dans le métro, les gens sont serrés comme des sardines.

Aussi : **comme des harengs en caque.** La caque est une barrique où l'on conserve les harengs salés.

L'ÉCRITURE

Écrire comme un chat : écrire d'une manière illisible.
Je n'arrive pas à lire l'écriture de mon médecin, il écrit comme un chat.

Des pattes de mouche : une écriture petite et difficile à lire.
L'élève a dû réécrire sa rédaction car la maîtresse a dit qu'il faisait des pattes de mouche.

L'EAU

Se faire rincer : se faire tremper par la pluie.
Roberta s'est promenée dans le jardin des Tuileries sous la pluie. Elle s'est fait rincer.

Être trempé (Mouillé) comme un canard : très mouillé.
L'averse m'a surpris sur le chemin du retour. Je suis rentré trempé comme un canard.

Être trempé comme une soupe : être très mouillé (à cause de la pluie par exemple).
Deborah est sortie sous la pluie et elle est trempée comme une soupe.

La grande bleue : la mer, particulièrement la Méditerranée.
Yves ne passe pas ses vacances à la montagne, il préfère la grande bleue.

Un marin d'eau douce : marin inexpérimenté.

*Tu peux emmener Jean-Marie sur ton voilier, mais ne compte pas sur lui pour t'aider à manœuvrer. C'est **un marin d'eau douce**.*

Faire la planche : se laisser flotter sur l'eau, sur le dos.
*Le petit Marc a appris à nager la brasse et à **faire la planche**.*

Piquer une tête : plonger.
*Regarde, il y a une piscine ! On **pique une tête** ?*

Faire trempette (familier) : se baigner.
*Il fait chaud et la mer est belle, les enfants vont **faire trempette**.*

Boire la tasse : avaler de l'eau accidentellement lorsqu'on se baigne (mer, piscine, etc.).
*On s'est bien amusés à la mer, on s'est bagarrés dans l'eau et Joey **a bu la tasse**.*

Nager comme un fer à repasser (comme une enclume) (familier) : ne pas savoir nager.
*Pendant que ses copains vont se baigner, Theo reste sur la plage car il **nage comme un fer à repasser**.*

Nager comme un fer à repasser

L'ESTHÉTISME

Se refaire la façade : se farder, se maquiller.
*Le mascara de Nicole a coulé. Elle est partie dans la salle de bains **se refaire la façade**.*

Se faire ravaler la façade : subir une opération de chirurgie esthétique.
*Line rentre en clinique pour son deuxième lifting de l'année. Elle va encore **se faire ravaler la façade**.*

LES GENDARMES ET LES VOLEURS

Un coup de filet : opération de police pour arrêter un groupe de personnes.
*Le **coup de filet** de la police dans les milieux pédophiles a permis une dizaine d'arrestations.*

Armé jusqu'aux dents : puissamment armé.
*Pour donner l'assaut, les policiers étaient **armés jusqu'aux dents**.*

Filer le train à quelqu'un (familier) : suivre quelqu'un pour l'espionner.
*Le détective **lui a filé le train** pendant trois jours et l'homme d'affaires n'a rien vu.*

Prendre (Être pris) la main dans le sac : surprendre quelqu'un (être surpris) en train de faire quelque chose de mal comme voler par exemple.

Quand je suis entrée, j'ai vu Sophie en train de prendre de l'argent dans mon porte-monnaie. Je **l'ai prise la main dans le sac.**

Être fait comme un rat : être pris sans possibilité de s'échapper.
Le voleur a essayé de s'enfuir par l'escalier mais la police était là. Il **était fait comme un rat.**

Mettre la main au collet de quelqu'un : se saisir de quelqu'un.
La police **a mis la main au collet d'une bande de malfaiteurs.**

Mettre quelqu'un (Être) sous les verrous (au bloc, au trou [familier]**)** : mettre quelqu'un (être) en prison.
Le voleur a été **mis sous les verrous** pour deux ans.

Passer quelqu'un à tabac (familier) : frapper violemment quelqu'un.
Un homme a été transporté aux urgences après avoir été **passé à tabac** à la sortie d'une discothèque.

Se mettre à table (familier) : avouer un délit, dénoncer des personnes.
Après cinq heures d'interrogatoire, le suspect **s'est mis à table.**

Cracher (Casser) le morceau (familier) : avouer, dénoncer.
Le criminel **a craché le morceau** : il a donné le nom de ses complices.

Variante : **manger le morceau.**

Prendre la clé des champs : partir, s'enfuir.
Les prisonniers ont creusé un tunnel et **ont pris la clé des champs.**

Jouer la fille de l'air : s'enfuir.
Les gardiens surveillent de très près le prisonnier pour qu'il ne **joue** pas **la fille de l'air.**

(Se) faire la belle : s'échapper.
Le prisonnier a trompé la surveillance de ses gardiens et il **s'est fait la belle.**

Être blanc comme neige : être innocent.
Le politicien avait été accusé de malversations mais il a été innocenté, il **était blanc comme neige.**

Comme l'enfant qui vient de naître : totalement innocent.
Mon client, messieurs les jurés, n'a pas pu commettre ce crime. Il est innocent **comme l'enfant qui vient de naître.**

Se ranger des voitures (familier) : reprendre une vie meilleure après avoir fait des choses illégales.
*Serge a fait un an de prison pour vol et maintenant il **s'est rangé des voitures.***

Un (vieux) cheval de retour : un récidiviste.
*La police a encore arrêté Arsène. Il est bien connu au commissariat, c'est **un vieux cheval de retour.***

Un chevalier d'industrie : personne qui vit d'opérations malhonnêtes (escroqueries par exemple).
*Estelle a payé un séjour aux Antilles par Internet. Quand elle est arrivée, elle s'est aperçue que l'hôtel n'existait pas. Elle a été victime **d'un chevalier d'industrie.***

Le marché noir : le marché parallèle, illégal.
*Des copies de DVD se vendent au **marché noir.***

Une caisse noire : une réserve d'argent non déclarée, illégale dont l'origine est suspecte.
*On a découvert que la mairie avait **une caisse noire.***

Faire quelque chose sous le manteau : de manière illégale (surtout pour la vente).
*Dans certains quartiers de la ville, on **vend des DVD sous le manteau.***

Graisser la patte à quelqu'un : donner de l'argent à quelqu'un pour obtenir un avantage.
*Joël **a graissé la patte à un douanier** pour passer en premier au contrôle de l'aéroport.*

Faire quelque chose à la sauvette : rapidement et de manière cachée.
*Des revendeurs **vendent des tickets de métro à la sauvette.***

Donner (Recevoir, etc.) un pot de vin : donner (recevoir) illégalement de l'argent pour obtenir quelque chose.
*Cet entrepreneur qui **avait reçu des pots de vin** va passer en justice.*

Traîner une (des) casserole(s) : une affaire compromettante.
*Ce député ne sera certainement pas réélu. Il **traîne trop de casseroles.***

Nettoyer les écuries d'Augias (recherché) : apporter la propreté, l'honnêteté dans un milieu corrompu.
*Le maire avait promis qu'il **nettoierait les écuries d'Augias.** Hélas, il n'a pas pu débarrasser sa ville de toute la corruption.*

Les écuries d'Augias étaient des écuries très sales, nettoyées par Hercule.

LES GENS

Un gros bonnet : personnage important.
*Il contrôle plusieurs journaux et quelques maisons d'édition. C'est **un gros bonnet** de l'édition.*

Une grosse légume (familier) : une personne importante.
*J'ai accompagné Jean à un cocktail professionnel, il n'y avait que des **grosses légumes**.*

En haut lieu : des gens qui ont la plus grande autorité.
*La décision de renforcer la présence policière en ville a été prise **en haut lieu**.*

Monsieur Tout-le-monde : n'importe qui.
*Il est un peu snob ce voisin. – Non, moi je trouve qu'il est comme **Monsieur Tout-le-monde**.*

Le commun des mortels : les gens ordinaires.
*Il faut être très riche pour pouvoir se permettre un séjour dans ce palace, ce n'est pas pour le **commun des mortels**.*

Inconnu au bataillon : complètement inconnu.
*Je n'ai jamais entendu parler de cet auteur. **Inconnu au bataillon** !*

Un mouton de Panurge : quelqu'un qui imite les autres sans réfléchir.
*Les Français partent souvent tous en même temps en vacances le 1er août comme des **moutons de Panurge**.*

Panurge est un personnage du *Quart Livre* de Rabelais. Panurge jetta un mouton à la mer et tous les autres moutons suivirent.

Canard boiteux : personne mal adaptée au milieu dans lequel elle se trouve.
*Jérémy est incapable d'attraper un ballon, c'est le **canard boiteux** de notre équipe de basket.*

Un mouton à cinq pattes : quelqu'un ou quelque chose de rare.
*Je sais que c'est chercher **un mouton à cinq pattes**, mais il nous faut pour l'agence de Lyon un directeur jeune, compétent, pugnace, diplomate, trilingue et de belle allure.*

Avoir l'esprit de clocher : chauvinisme au niveau d'une région.
*Les gens de cette vallée **ont** un fort **esprit de clocher**. Ils soutiennent que leur vin est le meilleur de la province.*

À la mode de Bretagne : se dit de vagues parents très éloignés à qui on donne un nom de parents proches.
*Je l'appelle mon cousin, mais en fait ce n'est que le petit-fils de la seconde épouse de mon grand-oncle. C'est un cousin **à la mode de Bretagne**.*

Un nom à coucher dehors (familier) : un nom très difficile à prononcer et à retenir.
*Charles-Édouard a présenté sa fiancée thaïlandaise à sa grand-mère. La vieille dame a trouvé qu'elle avait **un nom à coucher dehors.***

En chair et en os : en personne.
*Tu sais qui j'ai vu à l'aéroport ? Gérard Depardieu ! Gérard Depardieu **en chair et en os.***

Par tête de pipe (familier) : par personne (lorsque l'on compte).
*Pour le réveillon, il faut compter environ cent euros **par tête de pipe.***

LES INFORMATIONS, LES NOUVELLES

Venir aux nouvelles : demander des nouvelles de quelque chose.
*Je vous téléphone à propos de notre contrat. Je **viens aux nouvelles.***

Pas de nouvelles, bonnes nouvelles : si on n'a pas de nouvelles de quelque chose ou de quelqu'un, c'est que tout va bien.
*Comment va Sylvie ? – Je ne sais pas. **Pas de nouvelles, bonnes nouvelles** !*

Ce n'est pas tombé dans l'oreille d'un sourd (familier) : l'information qui a été dite ne sera pas oubliée ou sera bien utilisée.
*Nous avons dit à Arnaud que nous l'emmènerions au Grand Prix de Monaco l'année prochaine ; **ce n'est pas tombé dans l'oreille d'un sourd.***

Avoir un métro de retard : ne pas connaître les dernières nouvelles.
*Les étudiants se sont mis en grève. – Tu **as un métro de retard,** la grève est finie depuis hier.*

Être au parfum (familier) : avoir été informé de quelque chose par quelqu'un.
*Tu as prévenu tout le monde pour la fête surprise de ton père ? – Oui, ils **sont** tous **au parfum.***

Avoir eu vent de quelque chose : avoir entendu parler de quelque chose.
*J'**ai eu vent de problèmes** d'espionnage industriel au sein de la société.*

Tenir (Savoir) quelque chose de source sûre : détenir une information exacte.
*C'est toi qui as été choisie pour le poste, je **le tiens de source sûre.***

Une feuille de chou (familier) : journal sans intérêt.
*Comment peux-tu acheter ce journal ? Il n'y a absolument rien d'intéressant dans cette **feuille de chou.***

Cinq colonnes à la une : Un titre occupant la totalité de la largeur de la première page d'un journal.
*Ce matin, la nouvelle s'étalait dans les journaux en **cinq colonnes à la une.***

LES INSULTES

Des noms d'oiseaux : des insultes grossières.
*Les deux automobilistes se sont disputés puis on a entendu **des noms d'oiseaux.***

Quelque chose de malheur (après un nom) : détestable, horrible.
*Le voisinage est fatigué de **ce chien de malheur** qui aboie toutes les nuits.*

Une vieille peau (familier) : expression injurieuse envers une femme âgée.
*La voisine a appelé les flics parce que la musique était trop forte. **Quelle vieille peau !***

Et ta sœur ? (familier) : expression signifiant qu'on ne veut pas répondre à quelqu'un.
*Où étais-tu hier soir, et avec qui ? – **Et ta sœur ?***

Va te faire voir (familier) (**te faire foutre** [populaire]) : se dit pour se débarrasser de quelqu'un.
*Espèce d'imbécile, viens te battre si t'as le courage ! – **Va te faire voir !***

Variante moins insultante : **Va voir là-bas si j'y suis !**

LES LOISIRS (THÉÂTRE, CINÉMA, LECTURE, PROMENADE, ETC.)

Tuer le temps : trouver une occupation pour passer le temps.
*Pendant les jours pluvieux, pour **tuer le temps**, on jouait aux dames ou aux échecs.*

Un violon d'Ingres : une passion à côté de son activité principale.
*Jacques adore la photo, c'est son nouveau **violon d'Ingres.***

À l'eau de rose : livre ou film sentimental et mièvre.
Nadège adore les histoires d'amour qui finissent bien. Sa chambre est pleine de romans à l'eau de rose.

Monter sur les planches : faire du théâtre.
*Après vingt ans de carrière au cinéma, cet acteur a décidé de **monter sur les planches**.*

Tirer le portrait de quelqu'un : photographier quelqu'un.
*Pierre adore photographier les visages. Il a **tiré le portrait de tous ses amis.***

Crever l'écran : se faire remarquer dans un film (pour un comédien).
*Robert de Niro est extraordinaire dans ce film, il **crève l'écran.***

Faire du lèche-vitrine : se promener pour regarder les vitrines des boutiques.
*Patricia et sa copine **font du lèche-vitrine** pendant leur pause déjeuner.*

Prendre le frais : se promener pour respirer l'air frais.
Il fait bon ce soir. Si on allait prendre le frais ?

LE MARIAGE / LE CÉLIBAT / LES ENFANTS

▸ **Le mariage**
Trouver chaussure à son pied : trouver ce (celui, celle) qui convient.
Géraldine est toujours célibataire. Elle n'a pas réussi à trouver chaussure à son pied.

Vivre à la colle (familier) : vivre en concubinage.
Avant de se marier, Antoine et Marlène ont longtemps vécu à la colle.

Demander sa main à quelqu'un (la main de quelqu'un) : demander quelqu'un en mariage.
Jérémie lui a demandé sa main et elle a dit non.

Passer la bague au doigt : promesse de mariage.
Ça y est ! Michel va se marier. Il s'est laissé passer la bague au doigt.

Enterrer sa vie de garçon : passer une dernière soirée avec des amis avant de se marier.
Deux jours avant son mariage, Hubert a enterré sa vie de garçon avec ses copains. Ils ont fait la fête jusqu'à l'aube.

Se mettre (Se passer) la corde au cou : se marier.
Il n'est pas question que je me marie, je suis bien trop jeune pour me passer la corde au cou.

Conduire (Mener) quelqu'un à l'autel : se marier.
Jean-Paul veut rester célibataire. Il n'a aucune envie de conduire Simone à l'autel.

Convoler en justes noces : se marier.
Mon frère vient de convoler en justes noces, il part avec sa femme à Bali.

La lune de miel : le voyage de noces.
Les jeunes mariés sont partis en lune de miel.

Avoir (Porter) des cornes : être trompé.
Jane voit très souvent John en ce moment. Son mari se demande si elle ne lui ferait pas porter des cornes.

▸ **Le célibat**
Coiffer sainte Catherine : pour une femme, atteindre l'âge de 25 ans sans être mariée.
Ma grand-mère avait peur d'être encore célibataire à 25 ans car elle aurait dû coiffer sainte Catherine. Heureusement, elle a rencontré mon grand-père.

Une vieille fille : femme d'un âge avancé qui n'a jamais été mariée ou n'a jamais vécu avec un homme.
Si elle continue à fuir les hommes, elle finira vieille fille.

Un vieux garçon : homme d'un âge avancé qui n'a jamais été marié ou n'a jamais vécu avec une femme.
Sa famille le pousse à se marier mais il se trouve très bien comme il est. Il aurait horreur qu'une femme vienne bouleverser ses habitudes de vieux garçon.

▸ Les enfants

En cloque (familier) : enceinte.
Ma voisine est en cloque, elle va demander un congé de maternité.

Avoir un polichinelle dans le tiroir (populaire) : être enceinte.
Monique a six enfants et elle a encore un polichinelle dans le tiroir !

Une faiseuse d'ange : avorteuse (avant la légalisation de l'avortement).
L'interruption volontaire de grossesse est légale en France depuis 1975. Avant, les Françaises devaient aller en Angleterre ou chez une faiseuse d'ange.

La chair de sa chair : son enfant.
Brigitte adore son fils, la chair de sa chair.

Un bout de chou : terme d'affection pour un enfant.
Qu'il est mignon cet enfant ! Quel joli petit bout de chou.

Mon petit doigt m'a dit (expression utilisée avec les enfants) : je l'ai su par un moyen secret.
Maman, comment tu sais que je me suis fait gronder à l'école ? – C'est mon petit doigt qui me l'a dit.

Un garçon manqué : une petite fille qui a l'allure, le comportement et les goûts d'un garçon.
Julia a six ans. Elle a les cheveux très courts, elle adore grimper aux arbres, jouer aux cowboys et aux Indiens. C'est un garçon manqué.

Élever des enfants dans le (du) coton : entourer les enfants de soins excessifs.
Les parents de Camille élèvent leur fille dans du coton. À douze ans, elle ne peut même pas rentrer seule du collège qui est pourtant tout près de sa maison.

Faire l'école buissonnière : jouer, se promener au lieu d'aller en classe.
Le professeur a téléphoné aux parents de Nicolas pour savoir si celui-ci, qu'il n'a pas vu aujourd'hui, était malade ou s'il avait fait l'école buissonnière.

LA MODE

À la page (souvent utilisé avec une négation) : à la mode, au courant des nouveautés.
Ne parle pas d'ordinateur avec mon grand-père, il n'est pas très à la page.

Être dans le vent (dans le coup) : être à la mode.
Malgré son âge, ma grand-mère est plutôt dans le vent.

Le dernier cri : à la dernière mode.
Patricia s'habille de façon très classique. Elle ne suit pas la mode et ses vêtements sont rarement du dernier cri.

Vieux jeu : démodé (pour une chose ou une personne).
Ma tante n'aime pas la musique d'aujourd'hui, il faut dire qu'elle est un peu vieux jeu.

LES ODEURS

À plein nez : très fort (se dit surtout pour une odeur désagréable)
Qu'est-ce qui s'est passé ici ? Ça sent l'eau de Javel à plein nez !

Sentir (Puer) le bouc : sentir mauvais.
Tu devrais aérer un peu, ça sent le bouc.

LES RÉCEPTIONS

Une fée du logis : une maîtresse de maison attentive et habile.
Patrick sait qu'il peut inviter des collègues à dîner. Sa femme est une fée du logis.

Mettre les petits plats dans les grands : faire des efforts particuliers quand on a des invités.
Sophie a sortie la vaisselle en argent de sa grand-mère et a fait une jolie table, elle a mis les petits plats dans les grands pour nous faire plaisir.

Faire quelque chose à la fortune du pot : d'une façon simple (pour un repas).
Passez donc dîner ce soir, on va organiser un petit dîner à la fortune du pot.

Arriver (venir, etc.) les mains dans les poches : sans rien apporter
Il t'a apporté des fleurs ? – Non, il est arrivé au dîner les mains dans les poches.

Tirer les rois : manger la galette des rois et désigner comme roi (reine) celui (celle) qui trouve la fève.
Pour l'Épiphanie, le 6 janvier, les Français tirent les rois.

La fève est une petite figurine que l'on met dans la galette.

LA RELIGION

Une grenouille de bénitier : femme trop dévote, bigote.
Ma voisine va à l'église tous les jours.
*C'est **une** vraie **grenouille de bénitier**.*

Un cul béni (familier) : quelqu'un qui
manifeste une dévotion (religieuse)
exagérée.
Ne dis rien contre la religion devant lui, il
*vient d'une famille de **culs bénis**.*

Une grenouille de bénitier

Bouffer du curé (familier) : être anti-
clérical.
*Ils forment un drôle de couple. Elle va à la messe chaque semaine et lui, il **bouffe du curé**.*

N'avoir ni foi ni loi (Être sans foi ni loi) : n'avoir ni religion ni morale.
*Il ne croit à rien. C'est un individu **sans foi ni loi**.*

LE TABAC

Fumer comme une locomotive (comme un pompier) : fumer beaucoup.
*Tu crois que Michel a enfin arrêté de fumer ? – Pas du tout, il **fume** toujours **comme une***
***locomotive** !*

Un barreau de chaise : très gros cigare.
*J'aime bien les cigares, mais pas les **barreaux de chaise**.*

Index

D

Index

F

Index

M

Index

N

Index

211

Index

215

Index

Y

Z

Index

III. Les émotions et les sensations 43

IV. Les actions et les relations humaines 60

Table des matières

N° d'éditeur: 10223825 - Février 2016
Imprimé en Espagne par Graficas Estella

Table des matières